그리스 신화의 철학적 사유

연경
문화사

저자 **홍 병 선**

중앙대학교 교양학부 교수로 재직 중이다. 중앙대 대학원에서 「인식적 정당화의 내재론 · 외재론 논쟁에 관한 연구」로 철학박사 학위를 받았다. 주요 저서로는 『현대인식론의 쟁점들』(한국학술정보, 2007), 『이성과 비판의 철학』(공저, 철학과현실사, 2006), 『서양근대철학의 열 가지 쟁점』(공저, 창작과 비평, 2004), 『과학기술과 인류의 미래』(한국학술정보, 2008) 등이 있으며, 주요 논문으로는 「과학-기술문명의 본질과 환경문제」, 「상상력의 철학적 근거」 등 다수가 있다.

| 초판 1쇄 인쇄 / 2010년 12월 15일 | 초판 1쇄 발행 / 2010년 12월 20일 |

| 저 자 / 홍병선 | 펴낸이 / 이정수 | 펴낸곳 / 연경문화사 |

| 등록 / 1-995호 | 주소 / 서울시 강서구 가양3동 1488-4 진농빌딩 | 대표전화 / 02-332-3923 |

| 팩시밀리 / 02-332-3928 | 이메일 / ykmedia@korea.com |

| 값 15,000원 | ISBN 978-89-8298-119-7 93100 |

목차

책머리에

철학은 인간의 역사와 더불어 출발한다. 하지만 우리가 오늘날 철학이라고 부르는 학문적 체계가 시작된 것은 기원전 6세기경 그리스에서부터이다. 철학은 존재 세계의 보편적 법칙에 대한 과학, 즉 넓은 의미에서 로고스(logos)의 학문을 가리킨다. 이러한 로고스의 탐구가 기원전 6세기경 그리스에서 처음으로 시작되었다는 것은 결코 우연이 아니다.

자연과 인간 간에 작용하는 보편적 질서에 대한 철학적인 물음들은 공동체의 역사적 상황 내에서 인간의 생존과 밀접한 방식으로 제기된다. 이러한 근본적인 물음과 대답으로의 이행은 자연을 고찰하는 태도와 방법이 신화적 사고에서 합리적 사고로 근본적인 변화를 겪었다는 것을 의미한다. 그래서 철학의 발생은 한마디로 "신화(mythos)에서 로고스(logos)로의 이행"이라고 할 수 있다.

인간 생존의 전제 조건인 기술력을 기반으로 한 자연의 변형(생존을 위한 극복과정)은 공동체의 다각적인 변화를 동반하게 되는데, 여기에서 체계적인 사유에의 요구가 싹트게 되는 것이다. 자연에 대한 변형을 통해 생겨난 산물을 서로 교환하게 되고, 이로 인한 일련의 사회적 경험의 공유는 철학의 발생과 관련하여 중대한 의미를 갖는다.

신화는 오랫동안 '꾸며낸 환상의 이야기'로서 '단순한 허구'라는 인식이 짙게 깔려 있다. 하지만 오늘날 대부분의 신화 연구가들은 단순한 허구가 아닌 그 이상의 의미를 신화가 내포하고 있다고 말한다. 이들에 의해 신화가 담고 있는 중요한 의미들이 다양한 관점 하에, 여러 방식으로 속속 밝혀지고 있다. 그러나 일반인들 사이에서는 여전히 신화가 '단순한 허구'라는 생각이 널리 그리고 뿌리 깊게 자리 잡고 있는 것이 사실이다. 그런 연유는 일차적으로 신화와 역사를 비교했을 때, 전자는 허구이고 후자는 사실이라는 상반된 인식에서 그 원인을 찾을 수 있을 것이다. 그런데 문제는 '과연 그런가?' 하는 점이다.

본서는 이러한 물음에 대한 해법과정을 세 가지 측면으로 접근해 나가고자 한다. 첫째, 현대 사회에서 신화가 갖는 의미에 관한 것으로, 여기에서는 신화에 등장하는 상징, 이미지, 알레고리를 중심으로 접근해 나간다. 둘째, 신화에 대한 심리학적 접근이다. 몇 가지 신화를 소재로 하여 이를 심리학적으로 분석함으로써 신화에 대한 이해를 심층적으로 접근할 수 있는 기회를 제공하기 위함이다. 셋째, 신화학적인 접근이다. 이는 신화에 대해 보다 본질적으로 접근해나감으로써 신화에 대한 안목을 기르기 위함이다. 이를 위해서는 우선 구체적으로 몇몇 신화를 통해 신화의 속성들과 신화적 사고의 특징들을 파악하는 것이 순서일 것이다.

필자는 이러한 접근 과정을 통해 궁극적으로는 신화적 사유에서 철학적 사유로의 이행 과정을 파악하고자 한다. 우리는 양자가 서로 상이한 질서의 진실체계를 만들어 내는 서로 다른 사유방식이라고 흔히 생각해 왔으나 결코 그렇지 않음을 보이고자 한다. 순서는 신화적 사유에서 철학적 사유로의 이행이지만, 이것이 차별성을 갖는 것으로의 이행은 결코 아니다. 왜냐하면 철학적 사유 속에 신화적 사유가 녹아 있기 때문이다. 이 또한 이 책 후반부에서 다루어지게 될 주된 주제 가운데 하나이다.

많은 연구가들이 신화에 관심을 기울이는 이유는 무엇일까? 또 무엇이 신화로 하여금 문명 창조의 원동력이 될 수 있도록 만드는가? 이 책에서는 주로 이러한 물음에 대한 답을 찾아나서는 과정이 될 것이며, 이 과정은 신화가 담고 있는 다양한 역사적 진실과 의미, 그 역동적 힘을 보여주고자 노력했던 많은 신화학자들의 구체적 신화분석을 통해 그 윤곽이 나타나게 될 것이다.

이 책은 논문 및 각종 다양한 자료들을 참조하고 활용하여 신화와 철학에 대한 입문 수준에서 구성되었다는 점을 미리 밝혀두고자 한다. 총 구성은 10가지 주제로 되어 있으며, 특히 9주제와 10주제의 경우에는 소크라테스 이전 자연철학자들의 '신관'을 전공한 이병담 교수의 도움을 받아 작성되었다는 점 아울러 밝혀둔다. 부디 본서를 통해 독자여러분들의 창의적 상상력의 나래가 맘껏 펼쳐지기를 희망한다.

홍 병 선

그리스 신화의 철학적 사유

제1주제

그리스 신화, 내면으로의 여행

1. 현대사회에서 신화가 갖는 의미

신화는 지식과 논리로 여과되지 않은 원형의 모습과 총체성을 지닌 세상에 대한 고대인들의 신성한 체험을 바탕으로 하고 있다는 측면에서 '상상으로 풀어낸 현실' 이요, '허구를 내포한 진실' 이라고 말할 수 있다. 그런 점에서 신화는 현대사회와는 거리가 먼 환상 속의 이야기라고 가볍게 생각할 수도 있다. 그러나 신화의 속뜻을 알아볼 수 있게 되고 그 시선으로 우리의 삶을 자세히 들여다보게 되면 신화 속의 이야기들은 아득한 시대 어디 먼 나라 이야기가 아니라, 지금 이 시대 바로 우리의 삶 속에 생생하게 살아 숨 쉬고 있는 보편의 진실을 말하고 있다는 것을 알게 된다. 예컨대 미국의 경제 · 사회 · 정치 · 문화의 중심지 뉴욕에 있는 '자유의 여신상'과 3000년 전 그리스 아테네의 아크로폴리스에 서 있던 '아테나여신상'이 갖고 있는 콘셉트 *가 놀랍도록 흡사하다는 걸 안다면 오늘날 아테나의 신화는 결코 죽은 것이라고 할 수 없을 것이다.

▲ 자유의 여신상과 아테나여신상

▲ 파르테논 신전 * *

*
아테나여신상의 투구는 빛을 뿜어내는 형상으로 '광명'을 의미하며, 이는 인류역사에서 인간의 지적인 힘, 즉 이성(로고스)으로 내재화 되었다. 자유의 여신상도 빛을 뿜고 있는 듯한 관을 쓰고 있으며, 오른손에는 횃불(아네나여신상의 오른손에는 승리의 여신 니케가 있음)을 높이 치켜들어 5대양 6대주에 사는 모든 사람에게 이성적인 깨달음을 재촉하는 형상이다.

* *
BC 479년에 페르시아인이 파괴한 옛 신전 자리에 아테네인이 아테네의 수호여신 아테나에게 바친 것으로서, 도리스식 신전의 극치를 나타내는 걸작이다.

무엇보다도 신화는 두 가지 얼굴을 하고 있다. 하나는 지식과 논리에 속박되지 않은 자유롭고 생생한 모습을 그리고 있기도 하지만, 반면에 바로 그러한 지식과 논리의 결여로 인한 모순성, 나아가 과장과 상징에 따라 왜곡되고 일그러진 모습을 보여주기도 한다. 이는 오히려 신화가 과학과 기술을 근간으로 하는 현대문명에서 정형화되고, 판에 박힌 듯한 현대인의 삶 속에 새로운 생명의 에너지와 상상력의 힘을 불어넣어 주기도 하는 모습으로 탈바꿈되어 우리와 마주하는 것이다.

이 책에서는 서구문화의 근간을 이루고 있는 고대 그리스 신화의 숨겨진 의미를 살펴보는 가운데 인간의 삶 속에 시공을 뛰어 넘어 존재하는 보편적이고도 원형적인 요소들을 그리스인들이 어떻게 파악하고 구체적인 모습으로 그려내고 있는지를 제시하고자 한다. 이를 위해 이러한 원리들이 신화적 상징과 모티브로서 현대 문화 속에 어떤 모습으로 반복해 등장하며 대중들은 왜 이러한 상징과 모티브들에 전폭적으로 매혹될 수밖에 없는지에 대한 이해가 요구될 것이다. 그렇다면 현재 우리의 삶과 문화 속에 녹아 있는 신화에 대한 이해가 선행되어야 할 것이다.

신화는 문자 이전의 구전, 즉 언어가 형성되기 이전에 원초적 감각으로 생성된 이야기들이 떠돌아다니면서 서로 충돌하기도 하고 영향을 주고받으며 변모되는 과정을 거치면서 형성되었다. 오랜 시간을 거치면서 수많은 사람들에게 회자되며 각양각색의 다양한 소재들이 가미되고 겹겹이 쌓여 형성된 이야기 꾸러미로 이를 명료하게 풀어헤친다는 것 자체가 불가능할지도 모른다. 그래서 신화의 기원과 그 의미를 밝히려는 신화 해석 또한 얼마든지 다양할 수 있다. 예컨대 신화의 성격에 있어서 신화실재설, 자연신화설 등이나 그 기원에 있어서 원시 종교적 제의(祭儀)에서 찾거나 인간의 심리적 요인 등에서 찾는 등 얼마든지 다양한 방식이 있을 수 있다.

▲ 젊은 시절의 막스 뮐러(Max Müller, 1823~1900)

자연신화설을 제기한 독일의 언어학자이자 신화학자인 막스 뮐러(Max Müller)* 에 의하면 신화란 고대인들이 경외심을 가지고 바라보는 해와 달, 낮과 밤, 가뭄과 홍수 등과 같은 여러 가지 자연 현상들에 대한 자연스러운 반응의 결과로서, 신들의 다양한 모습은 다름 아닌 이러한 자연 현상에 대한 물리적 힘이 신격화된 것이라고 주장하고 있다. 이와 관련하여 그는 다음과 같이 언급하고 있다.

…… 우리가 언어를 사유의 외적 형태이자 표현이라고 인식한다면, 신화는 필연적인 것이고 당연한 것이며, 본질적으로 언어와 불가분의 관계에 있는 것이다. 사실 신화는 언어가 사유에 드리우는 그림자인데, 언어가 사유와 완전히 일치하기 전에는 그 그림자는 사라질 수 없다. 문제는 언어가 사유와 일치하는

* 동양학, 비교언어학의 세계적 권위자였던 막스 뮐러는 슈베르트의 연가곡으로 널리 알려진 〈아름다운 물방앗간의 처녀〉, 〈겨울 나그네〉의 노랫말을 쓴 낭만적 서정시인 빌헬름 뮐러의 아들로 독일에서 출생하였다. 그는 인도-게르만어의 비교언어학, 비교종교학 및 비교신화학의 과학적 방법론을 확립하였다. 막스 뮐러는 오직 한 편의 소설을 남겼을 뿐인데 그것이 바로 《독일인의 사랑(Deutsche Liebe)》이다. 이밖에도 그는 《고대 산스크리트 문학가》, 《신비주의학》, 《종교의 기원과 생성》 등의 저서를 후세에 남겼다.

일은 절대로 생기지 않으리라는 것이다. 신화가 인간 사유 역사의 초기 단계에서 좀 더 강력하게 나타나는 것만은 분명한 사실이다. 그러나 오늘 날이라고 해서 신화가 완전히 사라진 것은 아니다. 호메로스의 시대에 신화가 있었듯이 지금도 분명 신화는 있다. 다만 우리들 자신이 바로 그 신화의 그늘 속에 살고 있는 탓에, 그리고 우리 모두가 진리의 찬란한 빛으로부터 뒷걸음질 치는 탓에, 그것을 감지하지 못할 따름이다. …… 신화는 좀 더 고차원적으로 말하자면, 언어가 정신 활동의 모든 영역에서 사유에 행사하는 힘이다.

이에 비해 신화실재설에서는 신화가 일종의 역사적 사실과도 같은 것으로 실제로 존재했던 사실을 보다 극화되고 상징화된 형태로 보여주고 있다는 입장이다. 이는 기원전 4세기 그리스 철학자 에우헤메로스에 의해 제기된 것으로, 그에 의하면 우라노스, 크로노스, 제우스 등 그리스 신들은 역사상 실존했던 왕들로서 그들이 죽고 난 후 후세 사람들에 의해 신격화되었다는 것이다. 이는 역사적인 신화 해석의 관점에 입각한 것이라고 할 수 있다.

신화의 기원을 원시 종교적인 제의에서 찾는 견해도 있는데, 이 견해에 따르면 특히 술의 신 디오니소스의 행적을 기리는 신화를 재현하는 종교적 제의에서 발생한 사례를 통해 신화와 원시제의 간의 밀접한 관계를 부각시키고 있다. 이 가운데 폴란드의 인류학자 말리노브스키(Malinowski)* 는 실제로 원시문화와 제의가 고스란히 남아 있는 태평양의 한 섬에서 오랜 기간 동안 원주민과 생활하면서 신화와 종교적, 사

* 런던대학 교수로 재직하며 문화인류학에서 역사주의를 비판하고, 기능주의라는 연구 방법을 창시하여 사회문화연구에 새 국면을 열었다. 주요 저서에 《미개사회에서의 범죄와 관습》, 《문화변동의 동태(動態)》 등이 있다.

회적 제의 간의 생생한 관계를 실증적으로 밝히려 했다. 이를 통해 그는 신화가 무의미한 이야기나 환상이 아니라 원시신앙과 도덕적 특징을 담고 있는 살아 있는 진실이며 실용적인 헌장이라고 주장하였다. 이와 연관하여 그는 다음과 같이 말하고 있다.

▲ 현대 인류학의 창시자 브로니슬라프 말리노프스키 (1884~1942)

나는 이야기에도 특급이 있다고 생각한다. 성스럽다고 여겨지는 이야기, 종교 의식과 도덕, 사회 체제 속에서 구체화된 이야기, 그리고 원시 문화의 중요한 부분을 다루는 이야기가 바로 내가 말하는 특급 이야기이다. 이런 이야기들은 심심풀이들을 위한 것이 아니며, 꾸며낸 이야기이거나 실제 이야기로서 사람들의 기억 속에 남아 있는 것도 아니다. 이런 이야기들은 현재에까지도 영향을 미치는 태곳적 현실에 대한 진술이다. 인류의 현재 삶과 운명, 행위는 이 태곳적 현실에 의해 결정된다. 그리고 사람들은 태곳적 현실을 알게 됨으로써 제의와 도덕적 행위의 수행방법을 배우는 것은 물론 그것들을 수행해야 하는 동기와 목적까지도 공급받는다. …… 신화는 주제를 상징적이 아닌 단도직입적으로 표현한다. 신화는 과학적 관심을 충족시켜 주는 설명이 아니다. 태곳적 현실이 이야기로 되살아난 것, 그것이 바로 신화이다. 신화는 내밀한 종교적 소망이나 도덕적 바람을 충족시켜 주는 이야기이며, 사람들로 하여금 사회에 긍정적 태도로 순응하게 해주는 이야기이다. 신화는 심지어 실질적인 욕구까지도 충족시킨다. 신화는 원시문화에 없어서는 안 될 기능을 수행한다. 신화는 믿음을 표현하고 강화하고 체계화한다. 신화는 도덕을 수호하고 관철시킨다. 신화는 제사의 효율성을 보장한다. 또 신화는 인간을 바른 길로 이끌기 위해 실질적인 규범들을 제시한다. 그러므로 신화는 인간 문명에 없어서는 안 될 중요한 요소이다. 신화는 쓸데없는 이야기가 아니라 엄연하게 현실에 영향력을 행사하는 힘이다. 신화는 이지적인 설명이나 예술적 창작물이 아니라 원시적 신앙과 도덕적 지혜를 담고 있는 실용적인 헌장이다.

다른 한편, 프로이트와 융 등의 정신 분석가들은 신화의 기원을 심리적 요인에서 찾고 있다. 프로이트는 꿈과 신화의 유사성을 제기한다.

꿈은 깨어 있는 상태에서는 억압되고 거부될 수밖에 없는 욕망이 만들어내는 것으로, 신화와 유사한 환상적인 이미지와 수수께끼와 같은 구조를 갖는다. 신화 속의 인간이나 꿈을 꾸는 인간이 품고 있는 욕망은 사회적 금기를 파괴하는 것으로, 일상에서는 용납될 수 없다. 그래서 그러한 욕망은 본래의 모습을 감추기 위해 위장하게 되는데, 그 위장된 모습이 바로 환상적인 이미지와 수수께끼 같은 구조라는 것이다. 그의 견해를 직접 살펴보자.

신화에 근거하여 세계를 파악하려는 경향은 지극히 현대적인 종교들에까지 깊숙이 침투해 있는데, 나는 이와 같은 세계에 대한 신화적 이해가 대부분 바깥 세계로 투사된 인간 심리에 지나지 않는다고 생각한다.

이러한 프로이트의 견해를 보다 확장된 형태로 제시하고 있는 융에 따르면 신화를 꿈과 같은 억압된 개인적 욕망의 표현이라는 차원을 넘어 초개인적인 진실의 영적 체험이라고 주장한다. 그는 신화를 "집단 무의식에 기반을 둔 원형(原形)*의 객관화."라고 말한다. 융은 모든 종족의 집단무의식 속에 내재된 동일한 모델이나 패턴의 원형이 존재하며, 이는 곧 신화의 원천이자 토대라고 주장한다. 그는 신화에 관해 다음과 같이 말한다.

신화는 무의식적 인식과 의식적 인식 사이에 존재하는, 없어서는 안 될 지극히 자연스러운 중간 단계이다. 우리가 우주 속에서, 인간의 실존이 갖는 의미를 적절하게 설명할 수 있는 세계관을 갖게 될 때, 즉 의식과 무의식이 함께 작용하는 온전한 정신으로부터 나온 세계관을 갖게 될 때, 신화적 발언에 대한 욕구는 충족된다. 무의미는 삶의 충일을 저해하며, 그렇기 때문에 무의미란 병과 같은 것이다. 의미는 우리로 하여금 대단히 많은 것들을 —어쩌면 모든 것을— 견디게 만든다. 과학은 결코 신화를 대신하지 못한다. 그 어떤 과학으로도 신화는 만들어질 수 없다. 그 이유는 '신'이 신화이기 때문이 아니라, 인간 속에 내재해 있는 신적인 삶이 겉으로 드러난 것이 바로 신화이기 때문이다. 신화를 만들어내는 것은 우리가 아니다. 오히려 신화가 우리에게 신의 말로써 발언하

* '원형(原形)'이란 세계의 여러 신화에서 공통적이고 반복적으로 등장하는 위대한 어머니, 무서운 아버지, 끔찍스러운 괴물 등과 같은 인물, 그리고 신과 인간의 갈등이나 영웅의 탐험과 같은 상황이나 사건을 일컫는다.

고 있는 것이다. ……"신화 속에서 산다는 것은 무엇을 의미하며 또 신화 없이 산다는 것은 무엇을 의미하는가?"라는 생각을 하게 된다. 한 신부는 이렇게 말한다. 모든 사람들이 언제 어디에서나 믿는 것이 신화이다. 그렇기 때문에 신화를 떠나서, 혹은 신화 없이 살 수 있다고 생각하는 사람은 예외적인 인물이다. 그런 사람은 뿌리 뽑힌 나무와 같다. 신화를 부정한다는 것은 자기 안에 스며들어 있는 조상 전례의 삶을, 다시 말해 과거를 부정하는 것이며, 더 나아가 자기가 속한 사회와 자신이 연관되어 있다는 것을 부정하는 것이다.

"신화는 공적 꿈이요, 꿈은 사적인 신화이다."라고 주장한 캠벨과 같은 현대의 신화학자 또한 프로이트와 융의 심리학적 해석의 관점과 그 맥을 같이 하는데, 그는 다음과 같이 언급하고 있다.

어느 시대, 어떤 상황을 막론하고 사람이 사는 곳이라면 어디에서든 인간의 신화에는 끊임없이 살이 붙어 왔고, 이러한 신화는 인간의 육체와 정신활동에서 나타날 수 있는 모든 것에 영감을 불어넣었다. 신화는 다함없는 우주의 에너지가 인류 문화로 발로되는 은밀한 통로라고 말해도 지나친 말은 아닐 것이다. 종교, 철학, 예술, 선사 인류 및 유사 인류의 사회적 양식, 과학 기술의 으뜸가는 발견, 뿌리째 흔들어 수면을 엎어버리는 꿈, 신화의 불가사의한 고리, 이 모두가 이 은밀한 통로를 지나 인류의 문화로 드러나는 것이다.

또한 언어학자이자 인류학자인 레비스트로스는 신화를 구조주의 방식으로 해석한다. 인류학과 신화에 관심을 기울이면서 그가 주목한 것은 신화적인 이야기가 비록 변화무쌍하고, 불합리하며 때로는 무의미해 보이기도 하지만 그러한 이야기가 보편적으로 반복해서 나타나고 있다는 사실에 주목한다. 그래서 그는 "겉으로 보기에 무질서한 현상의 이면에는 어떤 형태의 질서가 존재 한다."는 걸 알아내려는 것을 지적 탐구의 과제로 삼는다.

레비스트로스에 따르면 모든 현상의 이면에는 마치 언어의 문법과 같은 보편적인 구조가 존재한다는 사실을 밝혀내고 있다. 그 사례로 모든 문화의 결혼 규칙과 근친상간의 금기에서 원시문화와 언어의 구조적 동일성을 제기한다.* 이에 따라 그는 선과 악, 문명과 자연, 이성과 본능, 명과 암, 미와 추 등과 같은 이항 대립적 긴장 구조에서 신화가 발생하며, 그래서 신화란 다름 아닌 이러한 긴장구조를 인식하고 해소하려는 노력의 산물이라고 주장한다. 다음과 같은 그의 견해를 살펴보자.

우리는 과학적 사고를 통해 자연을 지배하게 되었다. …… 신화는 과학에 비해 인간에게 환경을 지배하는데 필요한 물리적 힘을 더 많이 가져다주지는 못했다. 그렇지만 신화는 매우 중요한 것 하나를 인간에게 주었다. 인간이 우주를 이해할 수 있다는 환상, 그리고 인간이 우주를 이해하고 있다는 환상이 바로 그것이다.

그 밖에도 수많은 신화학자와 철학자들은 자신의 관점에 따라 다양

* 구체적으로 언어가 단어의 교환이라면, 결혼 규칙은 여성의 교환이다. 그런데 남자는 다른 남자의 여자, 즉 그의 딸이나 누이와 교환할 수 있지만 자신의 아버지의 여자와는 교환할 수 없다. 이러한 여성 교환의 규칙으로 근친상간의 금기가 성립된다. 그리고 이것은 주어와 목적어를 상호 교환할 수 없다는 언어의 규칙, 즉 문법과 유사한 구조를 갖는다.

한 견해들을 피력했다. 중요한 몇몇 학자들의 견해를 살펴보면 다음과 같다.

신화가 속되게 말해 거짓말과 동의어로 통하게 되는 동기는 이미 아주 오래전에 형성되었다. 사실에 바탕을 둔 신화들(실제로 이런 신화들도 많다)은 우리가 알고 있는 진리를 이해하기 쉬우면서도 대단히 멋진 표현으로 설명하고 있는데도 말이다. 신화가 거짓말로 인식되게 된 이유는 신화가 어떤 보편적인 원리를 담고 있는 경우라 하더라도 그 보편적인 원리를 특별한 형태로 표현하기 때문이다. 신화는 독특한 인물을 내세워 특정 민족의 언어와 부대 장치들을 사용하는가 하면, 시간과 장소에 연관된 부수적인 상황들을 십분 활용한다. 그러나 영혼이 육신과 동행하듯이, 진리는 신화와 동행한다.

– 제레미아 커틴(J. Curtin, 1835~1906)

종교적 삶의 수수께끼나 인간적이고 세속적인 삶의 수수께끼나 각기 나름대로 복잡한 역사적 운명을 지니고 있겠지만, 나는 그 수수께끼들이 구체적 신화를 통해서만 해결의 실마리를 찾을 수 있다고 믿게 되었다. 형식적 논리나 합리적 논리에 바탕을 둔 추상적이고 철학적인 사유를 통해서는 종교적 삶을 인식할 수 없다. 종교적 삶은 그것을 현실 속에 살아 움직이는 개인들의 격정적인 운명으로 이해하는 구체적인 신화를 통해서만 인식될 수 있는 것이다.

– 니콜라이 베르자예프(N. Berdyaev, 1874~1948)*

* 러시아의 종교철학자. 마르크스주의에 반대하고 종말론적 메시니아즘 관점에 서서 민중운동에 참가했다가 투옥되었다. 근본사상인 '무저(無底)'는 정의(定義)와 논증(論證)이 불가능한 신비요, 근원적 카오스로서, 여기서부터 하느님과 인간의 자유가 비롯된다고 했다.

태곳적 사유 습관이 신화 속에는 살아남아 있다. 신화는 사물들에 대한 관찰 기록이되, 있는 그대로의 대상을 기록한 것이 아니라 극적인 상상력에 의지해 그 사물들이 암시하는 온갖 요소를 가미한 기록이다. 신화는 의식적으로 만들어 낸 문학이 아니며 그렇다고 확실한 근거를 지닌 과학도 아니다. 그러나 신화는 문학과 과학이 공통으로 지니고 있는 뿌리이자 문학과 과학의 원료이다.

– 조지 산타야나(G. Santayana, 1863~1952)*

전형적인 것이란 실제로 신화적인 것이며, '신화'를 '삶'이라고 해도 무방하다는 사실이 분명해진다. …… 문학이 심리학에 관심을 갖듯이, 정신분석은 신화에 관심을 갖는다. 개인의 유년기로 파고 들어가는 것은 동시에 인류의 유년기로, 즉 원시적인 신화의 시대로 파고들어 가는 것이다. …… 신화는 삶의 토대이기 때문이다. 신화는 시간을 초월하여 언제나 타당성을 갖는 도식이자 나무랄 데 없는 공식이다. 사람의 밑바탕에 깔려 있는 신화라는 공식이 무의식을 통해 신화의 특성을 재생해 낼 때 우리의 삶은 자연스럽게 그 공식 속으로 흘러들어간다. …… 우리가 얻는 것은 눈에 보이는 현상 속에 내포되어 있는 한 차원 높은 진리에 대한 통찰력이다. 우리는 영원한 것, 언제나 존재하는 확실한 것을 인식할 수 있게 된다. 사람의 밑바탕에 깔려 있는 도식을 꿰뚫어보게 되는 것이다. 그 도식에 따라 임의 개개인은 자신의 삶이 공식이자 반복일 뿐이며 자신의 행로는 자기 이전에 이미 그 길을 걸어갔던 사람들이 자기를 위해 예정해 놓은 것이라는 사실을 모른 채, 자기 자신이 공간과 시간 속에 존재

* 에스파냐 출생의 미국 철학자, 시인, 평론가. 처녀작《미의 의식》에서는 비판적 실재론을 설명해 T. S. 엘리엇 등에게 영향을 주었다. 이 밖에도《존재의 영역》, 평론으로 루크레티우스, 단테, 괴테를 논한《3인의 시인 철학자》, 퓨리터니즘이 미국문화에 끼친 영향을 비판한 《궁지에 선 고상한 전통》 등이 있다.

하는 유일한 사람이라는 소박한 믿음 속에서 살아간다.

– 토마스 만(T. Mann, 1875~1955)*

이와 같이 여러 학자들의 견해에서도 알 수 있듯이 신화는 오늘날 우리의 일상적 삶 속에 생생히 살아 숨 쉬고 있다. 길을 걸으면서, TV 광고에서, 영화관 스크린에서, 컴퓨터 게임에서, 건축물에서, 문학작품 속에서 그리고 무엇보다도 조용히 자신의 내면을 들여다보았을 때, 그곳에 침잠해 있는 신화는 늘 같으면서도 항상 새로운 모습으로 우리와 마주하고 있는 것이다. 그래서 카를로스 푸엔테스**는 "신화란 미래를 지닌 과거로, 현재에 영향력을 행사 한다."고 말하고 있다.

따라서 현대의 모든 문화 속에 녹아 있는 일련의 현상들이 신화적 모델과 무관한 것이 아니라고 한다면 신화는 우리의 현실 속에서 여전히 심대한 영향력을 행사하고 있다고 보아야 할 것이다. 그렇다면 우선 신화의 형성과 발생의 관점에서 우리는 다음과 같이 이해할 수 있을 것이다.

첫째, 신화의 형성은 우리의 삶에 엄연히 존재하나 그 배후를 파악하기 힘든 현상을 어떻게든 파악하고 설명하려는 시도라고 할 수 있다. 그래서 신화는 가시적인 세계의 배후를 설명하는 메타포, 우리 심층의 영적 잠재력에 이르는 실마리를 제공해 주게 된다.

둘째, 신화의 발생은 자신과 주위 현상을 이해하고 설명하려는 인간의 지적 혹은 감성적 욕구에서 출발하며 문자가 쓰이기 이전부터 구전

* 독일의 평론가이자 소설가이다. 사상적인 깊이, 높은 식견, 연마된 언어 표현, 짜임새 있는 구성 등에 있어서 20세기 독일 제일의 작가로 알려져 있다. 1929년 노벨 문학상을 비롯, 괴테 상 등 많은 상을 받았다.

** 멕시코의 소설가, 극작가, 평론가, 외교관. 국제노동기구 멕시코 대표, 멕시코대학교 문화보급부장, 프랑스 대사 등을 지냈으며 《아르테미오의 최후》를 발표하여 남아메리카의 대표적 작가가 되었다. 대부분 개인과 국가 정체성 문제, 욕망과 현실 사이의 갈등을 작품의 주제로 삼았다.

의 형식으로 수천 년을 내려오며 다듬어지는 것이므로 집단적이고 원형적인 면모를 띠게 된다. 그래서 신화는 그 신화를 만들어낸 민족의 정서와 가치관을 반영해 내게 된다. 예컨대 단군신화의 경우 한국 민족의 기질적 특성과 얼을 고스란히 반영해 내고 있는 것이다.

신화가 갖는 또 다른 의미는 인간 삶의 보편성과 통시성*에 있다. 시간과 공간을 뛰어넘어 상존하는 삶의 요소들, 즉 탄생과 죽음, 사랑, 질투, 관능, 폭력, 예지, 도취, 기술, 지혜 …… 등, 이것들은 가변적인 존재의 불변하는 핵, 인간의 원형적인 꿈, 육신의 에너지로부터 부추김을 받는 상상력의 노래, 인류가 집단적으로 꾸는 꿈인 것이다.

따라서 우리가 신화를 통해 얻을 수 있는 것이 있다고 한다면, 그것은 삶의 실상을 접하고 그 이치를 되짚어 보게 만든다는 사실이다. 그래서 신화는 일상적으로 의식하지 못하고 있던 것들이 의식의 표면으로 떠올라 오며, 특정한 상황에서 우리가 어떻게 살아갈 것인가에 대한 해답의 실마리를 제공해 주게 된다. 이는 곧 우리의 삶에 유효한 메시지를 포함하고 있다는 측면일 것이다.

그렇다면, 앞 장에서 간략히 언급된 바와 같이 조셉 캠벨의 견해를 중심으로 신화의 네 가지 기능을 요약할 수 있을 것이다. 첫째, 신비주의와 관련된 기능이다. 즉 신화는 신비의 차원, 만물의 신비를 깨닫는 세계의 문을 열게 해준다. 둘째, 우주론적 차원의 기능이다. 즉 과학은 객관적인 실재로서의 우주의 모습을 보여 주지만 신화는 신비의 샘으로서의 우주를 보여 준다. 셋째, 사회적 기능이다. 즉 한 사회의 질서를 일으키고 그

* 과거, 현재, 미래의 흐름에 따른 자연적 시간성, 즉 시간의 순행적 흐름.

질서를 유효하게 한다. 넷째, 교육적 기능이다. 즉 우리에게 주어진 삶에서 특정한 상황에 직면하여 어떻게 살 것인가 하는 문제에 대한 해답의 실마리를 제공해 준다.

2. 그리스 신화가 갖는 현대적 의미

신화는 문자 이전, 혹은 역사 이전, 그리고 문명 이전의 세상에 대한 인간의 체험을 담고 있다. 그래서 입에서 입으로 구전되어 온 자연의 소리다. 구전된 이야기는 자연의 생생한 생명의 에너지를 최대한 보존하기도 하지만 문자로 기록되어 전승된 이야기에 비해 변형되고 유실될 가능성이 높다. 그럼에도 불구하고 뛰어난 상상력과 문장력을 갖춘 시인 혹은 작가들의 손으로 아름답게 치장되어 있다. 뿐만 아니라, 그것은 철학자들의 비판과 성찰의 대상이 되었고, 이에 따라 끊임없이 다듬어져 예술가들의 손길로 조각과 그림으로 형상화되었다. 또한 신화학자들에 의해 정리되고 지속적으로 재해석되기도 했다.

무엇보다도 그리스 신화의 가장 두드러진 특징은 인본주의이다. 헤브라이즘(Hebraism)이 신 중심의 사상이라면, 헬레니즘(Hellenism)은 인간 중심의 사상이다. "인간은 만물의 척도다."라는 그리스 철학자 프로타고라스의 명제처럼 그리스인들은 인간을 세상과 우주의 중심에 두었다. 그들에게 있어 신은 창조주도, 절대자도 아니다.

신화에서 그려지고 있는 신들은 인간과 다름없는 피조물일 따름이다. 그래서 인간의 모습과 본성을 그대로 담고 있다. 그리스의 신들은 기독교의 신과는 본질적으로 다르다. 그들은 전지전능하지도 않으며, 인간적 욕망으로부터 자유롭지도 않다. 죽음을 초월한다는 것 이외에 인간과 다를 바 없는 존재들이다. 인간적 통치술과 여성편력을 보여주는 제우스, 사랑과 미의 욕망을 대변하는 아프로디테, 인간적 증오와 파괴 본능을 보여주는 아레스, 뿐만 아니라 헤르메스는 인간과 다를 바 없이 도둑질하고 사기를 치기도 하며, 인간과 사랑을 나누고 그 결실로 영웅이 태어나기도 한다. 신과 인간 사이의 경계가 그렇게 명확하지도 않다. 그런 점에서 그리스인들은 신적 존재에 인간의 본성을 투영시키고 있다. 말하자면 그들은 신의 이름으로 인간을 경배한 것이다. 그들은 인간적인 신 앞에서 욕망을 숨기지도 위축되지도 않았다. 그들은 인간의 욕망을 있는 그대로 받아들이고자 했다.

인간의 이성으로 대상 세계를 철저하고도 분명하게 파악하려는 서구의 합리주의 정신은 헬레니즘에 뿌리를 두고 있다. 그리스인들은 불분명하고 불확실한 것을 배제하는 동시에 확실하고도 분명한 것을 찾으려

▲ 신들의 회의 (라파엘로 作)

했다. 이러한 그리스의 합리주의 정신이 엄밀한 논증과 철저한 분석이 요구되는 철학과 과학을 태동시켰다.

합리성을 지향하는 그리스인들은 극단적인 것을 피하고 절제와 중용, 그리고 조화와 균형을 최상의 덕목으로 삼게 되고, 나아가 지나친 인간의 욕구에서 비롯되는 탐욕과 오만 역시 경계하게 된다. 신들과 영웅을 묘사하고 있는 그리스의 조각과 그림을 보면 거의 완벽에 가까운 균형미와 절제된 아름다움을 잘 보여주고 있다. 동시에 신화에서는 영웅들의 탐욕과 오만이 그들을 파멸로 이끈다는 사실도 잘 드러내주고 있다.

또한 그리스 신화는 현실주의를 그 바탕에 깔고 있다. 그리스인들의 삶은 현실이라는 실존적 장에 확고한 뿌리를 내리고 있다. 기독교적 전통이 내세를 지향한다면, 그리스적 전통은 현세에 그 근거를 두고 있다. 여기에서 그리스인들은 현실이 슬픔과 고통이 그들을 짓누를지라도 그것을 있는 그대로 받아들이고 사랑하는 모습을 보여준다. 그들에게 있어 종교적 구원이나 소망이 존재하지는 않는다. 그래서 그들에게 있어 죽음이란 다만 현실적 삶의 한 부분일 따름이다.

그리스 신화의 철학적 사유

제2주제

신화란 무엇인가?

-신화에 대한 신화학적 접근-

신화학(Mythology)이라는 용어는 두 가지 의미를 가지고 있다. 하나는 '특정한 지역이나 집단에서 발견되는 신화들의 총체'라는 의미이고, 다른 하나는 '신화의 연구'라는 의미이다. 19세기 이후 현재까지 신화를 연구하는 관점과 경향에 따라 여러 학파들이 형성되어 왔다. 제2주제에서는 이러한 여러 학파들의 관점에 대해 개괄적으로 살펴보도록 하겠다.

1. 자연주의 학파

막스 뮐러(Max Müller)와 만하르트(Wilhelm Mannhardt) 등의 자연주의 학파에 의하면 신화는 우주에 대해 이야기하는 것이며, 신화 속의 신들이나 영웅들은 천체를 상징한다. 천체는 현저하고 규칙적으로 나타나는 신화의 특성이고, 원시인들이 세상을 해석하고 이해하는데 바탕을 제공하는 것이다. 예컨대 폭풍이나 달이나 태양 등의 언어가 성(gender)을 지닌다고 보고, 그에 따라 의인화된 것으로 간주한다.

뮐러는 언어의 형성과 신화의 형성 간에 밀접한 연관성을 가정했다. 즉 산스크리트어와 유럽어가 공동의 기원을 가진 언어들이므로 모든 신화들은 단 하나의 근원에서 나왔다고 한다. 다만 유럽의 경우 갈라짐이

병리적으로 이루어져서 불균형이 초래되었다. 그럼에도 불구하고 뮐러는 원초적 태양 숭배를 재건하고자 했다.

이 체계화는 뮐러의 가장 열성적인 지지자들에 의해서 수정되었는데, 특히 브레알(M. Bréal)과 파리(G. Paris)에 의해서였다. 브레알과 파리에 의하면 신화들의 궁극적 준거로서 고려해야 하는 것은 천체이다. 천체는 가장 현저하면서도 가장 규칙적으로 나타나는 신화의 요소들이고, 원시인의 사고는 천체를 준거로 해서만 세상을 표현할 수 있다고 한다. 그러나 자연주의 학파의 잘못은 신화가 해명하고자 하는 대상이 바로 자연현상이라고 믿었던 데에 있다.

그러나 신화가 해명하고자 하는 대상은 자연현상이 아니라 어떤 논리체계이다. 자연현상이란 신화가 설명하고자 하는 사실, 곧 자연적 사실이 아닌 하나의 논리체계를 위한 하나의 수단일 뿐이다.

2. 정신분석학적 접근과 인류학적 구조주의

지그문트 프로이트(Sigmund Freud)*는 인류의 역사를 이론화하고, 인간의 기본성격을 이론화하는데 신화적 자료들을 사용했다. 프로이트를 추종하는 정신분석학 경향의 사회과학자들도 신화, 의례, 예술 등의 상징적 영역에서 오이디푸스 콤플렉스, 남성과 여성 간의 긴장 등과 같은 심리적 갈등의 주제가 표현되는 것을 추적하고 있다. 그러므로 신화

▲ 지그문트 프로이트 (S. Freud, 1856~1939)

* 오스트리아의 신경과 의사, 정신분석의 창시자. 히스테리 환자를 관찰하고 최면술을 행하며, 인간의 마음에는 무의식이 존재한다고 하였다. 꿈 · 착각 · 해학과 같은 정상 심리에도 연구를 확대하여 심층심리학을 확립하였다. 주요저서로는 《꿈의 해석》(1900).

를 어머니에게 돌아가고 싶어 하는 유전적 갈망 때문에 고난을 겪는 것으로 해석하는 경향을 볼 수 있다.

▲ 카를 구스타프 융(Carl Gustav Jung, 1875~1961)

카를 구스타프 융(Carl Gustav Jung)*은 신화와 꿈에 나타나는 상징들이 인류의 집단무의식이나 원형, 곧 인류 공통의 사건 유형이나 심리 유형을 나타내는 것이라고 한다. 그러므로 융 학파는 신화를 인간에게 문화와 질서를 가져오기 위해서 시련을 극복하는 원형적인 영웅들의 이야기들로 해석하는 경향을 보인다.

그러나 융 학파의 오류는 인류 공통적인 내용들을 전파나 차용 등과 같은 객관적 특성이 아니라 정신 영역에서만 찾는다는 점이다. 예컨대, 인류학적 민족지들을 보면 북미의 여러 인디언 부족들의 경우 일부 부족에서는 태양이 아버지나 생명의 은인으로 나타나고, 다른 부족들에서는 사람의 살과 피에 굶주린 괴물로 나타난다.

원형이란 융의 심리학에서 집단무의식의 내용을 이루는 이미지를 말하며, 예술과 상징주의에서 공통된 기본적 상징 이미지라는 의미로 사용된다. 구조주의 인류학은 무의식적 정신에 공통된 내용이라는 원형의 개념을 반박하며, 내용의 다양성을 질서지우는 것은 공통된 상징형태들

* 스위스의 정신과 의사. 정신분석의 유효성을 인식하고 연상실험을 창시하여, S.프로이트가 말하는 억압된 것을 입증하고, '콤플렉스'라 이름 붙였다. 분석심리학의 기초를 세우고 성격을 '내향형'과 '외향형'으로 나눴다.

혹은 상징유형들이라고 한다. 그 예시는 다음과 같다.

호주 원주민들은 亡者의 모계반족의 성원들은 장례식에서 붉은 색의 점토를 몸에 바르고 시체에 접근하는 반면 상대방 모계반족의 성원들은 흰색의 점토를 몸에 칠하고 시체로부터 떨어져 있어야 한다.

(Elkin, A. P. 1961)

로데지아의 루발르족은 백토를 몸에 바르고 죽은 선조의 영혼에 흰 곡물을 바쳐야 한다. 반면 성년식에는 적토를 몸에 바르는데 붉은 색은 생명과 생식을 상징하기 때문이다.

(White, C. pp.46-47, 1961)

위에 예시한 호주 원주민과 아프리카 원주민의 경우 흰색은 '강조되지 않는 상황'과 결부되고, 붉은 색은 '죽음이나 생명'과 결부되고 있다. 호주 원주민들에서는 타인의 죽음(상대방 반족)과 나의 죽음(우리 반족)이 두 항으로 대립하고, 아프리카 루발르족에서는 삶과 죽음이 두 항으로 대립한다. 이것이 흰색과 붉은 색의 감각적 이미지로 표현되고 있다.

호주의 포레스트 리버 지역에서는 망자와 같은 세대의 성원들은 흰색과 검정색의 점토로 몸을 칠하고 시체로부터 떨어져 앉아야 한다. 반면 망자와 세대가 다른 성원들은 몸에 아무 것도 칠하지 않고 시체에 접근한다.

(Elkin, A. P. 1961)

따라서 앞서 본 흰색과 붉은 색의 대립은 여기서 무채색과 색이 없음의 대립으로 바뀌어 나타난다. 흰색과 검정색은 무채색인 점에서 동일하고, 색이 없음은 최상의 유채색인 붉은 색의 변환이다. 호주의 포레스트 리버 지역에서 세대가 같은 사람들은 같은 모계반족의 성원이고, 세대가 다른 사람들은 상대방 모계반족의 성원이다.

호주의 바드족은 검정색과 붉은 색의 대립으로 상징체계를 이루고 있다. 망자를 중심으로 짝수의 세대, 곧 망자와 같은 모계반족의 성원들인 할아버지, 본인(형제), 손자에게는 검정색이 죽음의 색이 되고, 홀수의 세대, 곧 망자와 다른 모계반족의 성원들인 아버지, 아들에게는 붉은 색이 죽음의 색이 된다.

(Elkin, A. P., *The Australian Aborigines,* Sydney, London. 1961)

위의 예시에서는 흰색과 붉은 색의 대립이 무채색(흰색과 검정색)/색이 없음(최상의 유채색인 붉은 색의 변환)의 대립으로 바뀌어 나타나고, 여기서는 다시 검정색(무채색이므로 흰색과 동일)/붉은 색의 대립으로 나타난다.

아메리카의 폭스 인디언에게서도 동일한 기본적 대립을 볼 수 있다. 폭스 인디

언들의 경우 색이 아닌 소리가 그 역할을 담당한다. 장례식이 거행되는 동안 망자를 매장하는 사람들은 서로 말을 주고받을 수 있지만, 다른 사람들은 말을 해서는 안 된다.

(Elkin, A. P. 1961)

그러므로 말/무언, 소음/침묵의 대립은 색과 무색 또는 색채도가 다른 두 색 간의 대립에 대응한다. 이러한 관찰을 근거로 융의 원형이나 집단 무의식의 개념을 응용하는 이론들을 반박할 수 있게 된다. 인류에 공통적인 것은 형식이지 내용이 아니다. 만약 내용이 공통된 것이 있다면 특정의 자연물이나 인공물의 객관적 특성 또는 전파나 차용 등과 같은 인간정신의 영역 밖에서 그 이유를 찾아야 할 것이다.*

▲ 인디언의 주술신앙

* Levi-Strauss, 1962

3. 신화에 대한 엘리아데의 견해

미르체아 엘리아데(M. Eliade, 1907~1986)* 는 신화를 태초부터 지금까지 시간의 주기성에 대한 사고가 표현된 것으로 해석한다. 문자가 없는 원시인들에게 신화적 시간의 개념은 직선적 시간의 개념이나 역사적 시간의 개념보다 사고하기에 더 편안한 것으로 여겨진다는 것이다.

과학적 우주론은 태초에서 지금까지 우주의 변화를 실증적으로 확인하는데 관심을 두는 반면, 원시인들의 신화는 현재의 어떤 상황의 궁극적인 원인과 정당화의 근거를 태초의 어떤 성스러운 사건에서 찾음으로써 그 상황에 의미를 부여한다는 것이다. 달리 표현하면 현재 인간 생활의 속(俗)의 세계와 태초의 신들의 성(聖)의 세계 사이에 근본적인 관계

* 루마니아 출신의 미국 종교학자이자 문학가로 인도철학자 다스굽타 문하에서 인도철학을 연구하여 《요가: 불멸성과 자유》를 썼다. 이후, 파리 소르본대학의 객원교수와 시카고대학 교수로 있으며 《우주와 역사》 등의 저술을 통해 구미 종교학계에 큰 영향을 끼쳤다.

가 있다는 신념을 표현한 것이 신화이다. 다음은 엘리아데가 피력한 견해이다.

신화는 성스러운 역사를 서술하는 것이다. 원초의 시간, 곧 전설적인 시초의 시간에 발생한 사건을 이야기한다. 신화는 어떤 실재가(그것은 실재 전체, 또는 우주 전체일 수도 있고, 어떤 섬, 어떤 식물, 어떤 인간 행위나 제도 등 실재의 한 단면일 수도 있다.) 초자연적 존재의 행위를 통하여 어떻게 존재하게 되었는가를 이야기하는 것이다.

(Mircea Eliade, 1963., *Myth and Reality,*
New York: Harper & Row. p5~6)

▲ 20세기 종교학의 거장 미르치아 엘리아데

원시 사회와 고대 사회에서 신화는 성스러운 역사, 즉 모든 것이 시작되던 성스러운 시간에 일어난 초인간적인 계시로 받아들여진다. 원시인들과 고대인에게 신화는 하나의 패러다임(paradigm)으로 작용하고, 계속 반복되는 것이다. 왜냐하면 신화는 모든 인간 행위의 모델이자 정당화의 근거이기 때문이다. 달리 말해서 신화는 시간이 시작될 때 일어난 일들에 대한 '진실된' 역사로서 인간행위의 유형을 마련해 주는 것이다. 신이나 영웅의 범례적인(paradigmatic) 행위를 따라함으로서, 혹은 신이나 영웅들의 모험담을 이야기함으로써, 원시

사회와 고대 사회의 사람들은 속(俗)의 시간을 떠나 성(聖)의 시간으로 되돌아 간다.

(Mircea Eliade, 1968., *Myths, Dreams and Mysteries,* New York: Harper Collins. p23)

그러므로 신화는 원주민들이 오래 전에 일어났다고 스스로 믿고 있는 일들을 말하며, 신화는 그들에게 상황이나 관습에 대하여 규범적 모델, 패러다임, 원형적 패턴을 제시해 주는 것들이다. 원주민들은 신화의 이야기를 의례로 따라함으로서 자기들의 역사에 빠져든다.

과학적 우주론은 과거에서 현재까지 우주의 변동 순서를 실증적으로 정확히 확인하는데 관심을 둔다. 반면 원주민들의 신화는 현재의 어떤 상황의 궁극적인 원인과 정당화의 근거를 어떤 성스러운 원초적 사건에서 찾음으로써 그 상황에 의미를 부여하는 것이다.

양자는 동일한 현상을 다르게 설명하고 있는 것이 아니라, 의도와 관심이 다르다. 따라서 서로 별개의 영역에 속한다. 기하학의 정리와 증명으로 설득력 있게 표현할 수 있는 것을 시(詩)로 유치하게 표현하고 있다고 말할 수 없는 것과 마찬가지이다.

신화는 원주민들에게 지금의 상황이나 관습에 대하여 규범적 모델, 패러다임, 원형적 패턴을 제시해 주는 태초의 사건들에 관한 이야기이다. 그러므로 엘리아데의 신화 해석의 전형은 하늘의 성스러운 세계와 인간의 세계와 자연의 세계가 그 무엇으로 연결되어 있다는 것을 강조한다.

여기서 한 걸음 더 나아가 엘리아데는 항상 태곳적 '그 때(illum tempus)'를 염두에 둔 것으로, 여기서 인간이 본받고 따라야 할 하나의 '원형(原型, archetype)'을 찾아냄으로써 원형으로부터 일탈해 삶의 의미를 상실한 근대인과 그 문명을 비판하는 것에까지 자신의 견해를 연장하고 있다. 엘리아데가 보기에, 근대인의 이러한 '일탈'은 곧 죄악으로의 붕괴를 의미하는 것이기 때문이다.

4. 기능주의 학파

말리노프스키(B. K. Malinowski, 1884~1942)* 를 비롯한 기능주의 학파에 따르면, 신화는 현재의 사회적 행위를 정당화시키는 목적으로 사용되는, 과거에 일어났다고 믿어지는 사건들에 관한 성스러운 이야기이다. 신화는 현재의 의례와 도덕에 동기를 부여하고, 그 방법도 부여하는 것이다.

신화는 살아 있는 현실이다, …… 신화는 원초적 시대에 일어났던 것으로 믿어지는 것이며, 앞으로도 세상과 인간의 운명에 영향을 주면서 계속 영속하는 것이다.

(Malinowski, 1926, 1948)

* 폴란드 출생의 영국 인류학자. 런던대학 교수로 재직하며 문화인류학에서 역사주의를 비판하고, 기능주의라는 연구방법을 창시하여 사회문화연구에 새 국면을 열었다. 주요 저서에 《미개사회에서의 범죄와 관습》, 《문화변동의 동태(動態)》 등이 있다.

말리노프스키는 신화를 일종의 사회적 헌장(Social charter), 곧 집단의 관습과 행위를 합리화하는 것으로 해석한다. 말리노프스키는 신화는 현재의 사회적 맥락에서 이해되어야 하는 것이지, 진화적 가설이나 전파적 가설의 증거로서 이해되어서는 안 되고, 심리학적 혹은 정신분석학적 해석을 위한 추상적 텍스트로 이해되어서도 안 된다고 주장한다. 이러한 신화 연구의 사회학적 접근은 1930~1960년에 걸쳐 영국 사회인류학에서 보편화되었다.

그러나 말리노프스키에 의해 개발된 사회헌장으로 신화를 접근하는 방법은 인류학자들에 의해 비판을 받게 되었다. 왜냐하면 그 방법은 신화의 상징적 복합성을 정당하게 평가하는데 실패했기 때문이고, 신화적 이야기의 내용과 그 내용이 정당화하는 사회구조 혹은 사회조직의 특징 간의 양의적 관계도 정당하게 평가하는데 실패했기 때문이다.

그러나 말리노프스키는 신화 연구에 기능적 해석을 도입했다는 것보다 신화 연구의 준거 틀을 바꾸었다는 점에서 더 큰 업적을 남겼다. 즉 말리노프스키 이전에 뮐러, 프레이저, 프로이트 등은 이야기 내용을 문제 삼았을 뿐 신화가 말해지는 맥락은 문제 삼지 않았고, 대상에서 체계를 구하지 않았다. 그러나 말리노프스키는 신화가 말해지는 맥락을 문제 삼았고, 대상에서 체계를 찾았다. 말리노프스키 이후 신화의 연구는 신화의 내용이 아니라 체계 혹은 구조를 탐구하는 방향으로 전환하게 되었다.

5. 구조주의 학파

클로드 레비스트로스(C. Lévi-Strauss, 1908~2009)* 와 구조주의 학파는 신화를 인간의 지적 도구로 파악한다. 신화를 인류의 보편적 모순과 해당 문화의 특수한 모순을 반영하는데 쓰이는 지적 도구, 그리고 상징적 수준에서 그 모순을 매개하거나 해결하는데 쓰이는 지적 도구로 분석한다. 인류-보편적 모순들, 예컨대 죽음의 문제, 창조의 문제(한 선조에서 혹은 한 쌍의 선조에서), 자연과 문화의 대립, 부계와 모계의 대립 등과 같은 보편적 모순들이 끊임없이 여러 상징적 요소들을 결합시키고 재결합시키면서 신화에서 표현되고 있다.

* 프랑스의 인류학자 · 철학자로 문화체계를 이루는 요소들의 구조적 관계라는 관점에서 문화체계를 분석하는 구조주의의 선구자가 되었다. 랑그와 파롤을 신화의 구조를 해명하는데 적용하였다. 주요 저서로 《슬픈 열대》 등이 있다.

▲ 100번째 생일을 맞아 사르코지 대통령의 방문을 받은 레비스트로스

신화란 자연과 갈등, 인간 이외의 힘에 의하여 좌절된 소망, 적대적 억압에 대한 인식이다. 신화는 인류 공통적인 출생, 정열적 사랑, 죽음에 따른 패배 등에 관한 이야기이다. 신화의 궁극적인 목적은 세계를 마음대로 왜곡하는 것이 아니라 세계의 기본적인 진리들을 진지하게 대면하려는 것이다. 도피가 아니라 도덕적 지향이다.

(Susanne Langer, 1964., *Philosophy in a New Key,* New York: Mentor Books. p153)

구조주의 학파의 분석 방법은 신화의 등장인물이나 사물 등이 무엇을 상징하는가에 대해서 다른 학파들과 별 차이가 없고, 여러 학파들의 방법론을 종합한다. 그러나 여기서 더 나아가 추출된 신화적 상징들은 기하학적 모형들을 가지고 있음을 보여주고, 이러한 모형들을 해석해서 신화의 전체적 의미를 제시한다. 달리 말해서 신화의 각 항목들이 무엇을 상징하며 어떤 의미를 가지는가에서 출발하여, 상징들 간의 관계들이 이루는 구조를 도출하고, 최종적으로 그 구조를 해석하는 것이다. 왜냐하면 신화 항목들의 상징성은 언어의 음소와 마찬가지로 그 자체로는 의미를 생산할 수 없고, 상징성들 간의 관계들이 의미를 생산하기 때문이다.

신화는 신화소(mythèmes)들의 체계에 따라 의미를 생산한다. 신화소란 신화에서 하나의 체계를 이루고 있는 모티프들을 말한다. 신화적 상징들이 이루는 관계는 일차원적인 것이 아니라 지리적, 심리적, 사회적, 우주론적, 초월적 등등 다차원적이고 따라서 신화는 지리상의 도식, 심리학적 도식, 사회학적 도식, 우주상의 도식 등등이 하나의 복합적 전체를 형성하여 마치 오케스트라처럼 다차원적 의미들을 한꺼번에 이야기하는 것이다.*

신화의 여러 가지 접근방법들은 서로 치환될 수 없는 것들이 아니다. 신화의 접근 방법들은 모두 어느 정도 상호보완적이며, 각 방법들은 신화와 사회조직과 상징적 · 인지적 영역 간의 상호관계에 대해서 각각의 측면들을 밝혀 주고 있다.

이를테면 말리노프스키의 사회헌장이론은 밑에 깔려 있는 상징적 구조를 밝히는데 도움을 주는 레비스트로스의 방법론과, 과거의 이야기와 창조의 이야기가 어떻게 현재의 상태를 정당화하고 신비화하는지에 대해 더 세련된 견해를 가질 수 있도록 해주는 막시즘의 이데올로기 이론

* Lévi-Strauss, 1971, 1973

▲ 카를 마르크스(Karl Heinrich Marx, 1818~1883)*

에 의해서 더욱 풍요로워질 수 있는 것이다.

이 밖에도 막시스트 인류학적 견해가 있다. 막시스트 인류학자들은 신화를 특정의 착취체계와 불평등체계를 신비화하고 신성화하는 수단으로 파악한다. 그들의 견해에 의하면 '신비화' 혹은 '신성화'란 세속적 권력을 종교적이고 우주적인 개념으로 위장하는 것을 말한다. 신이나 정령이나 조상신들이 부여하는 성스러움은 정치적 권력이 위장된 것이고, 권력을 강제하는 것은 사람이 아니라 신이나 정령이나 선조들이 된다.

정치권력이 사람들에 의해 만들어진 것이라면 도전이 가능하지만 신이나 선조들에 의해 만들어진 것이라면 도전이 불가능하다. 원시사회에서 신비화나 신성화는 지식의 정치학(Politics of knowledge)을 통해 행사되고 강화된다. 정치권력은 성스러운 것에 관한 지식에 의존하고, 권력자들은 신화라는 성스러운 지식을 독점하고 통제하면서 세속적 권력을 고착시키고 강화해 나간다고 막시스트 인류학자들은 파악한 것이다.

*
독일의 경제학자 · 정치학자. 헤겔의 영향을 받아 무신론적 급진 자유주의자가 되었다. 엥겔스와 경제학 연구를 하며 집필한 저서 《독일 이데올로기》에서 유물사관을 정립하였으며, 《공산당선언》을 발표하여 각 국의 혁명에 불을 지폈다. 〈경제학비판〉, 《자본론》 등의 저서를 남겼다.

그리스 신화의 철학적 사유

제3주제

카오스로부터 신들의 탄생

1. 신들의 탄생 : 『신통기』를 중심으로

헤시오도스의 『신통기(神統記, Theogony)』* 에 따르면, 태초에 이 세상엔 아무것도 없고 '카오스(Chaos, 혼돈)' 만이 존재했다. 카오스는 무질서하고 정형이 없는 덩어리로 모든 물질의 원형과 에너지로 꽉 찬 공간이었다. 물질들과 에너지가 아직 서로 분리되어 있지 않고 모든 것이 서로 뒤엉켜 있는 상태가 바로 카오스였다.

태초의 우주 원상으로 설명되는 카오스는 흔히 '혼돈' 으로 해석한다. 그런데, 고대 그리스 어원에 따른 카오스는 '갈라진 틈' 이라는 의미이다. 그것은 깨어진 알의 틈 사이로 보이는 캄캄한 빈 공간을 지칭했다.

카오스를 '혼돈' 으로 보면, 태초의 우주는 온갖 물질의 원료들이 일정

* BC 8세기 무렵에 활동한 헤시오도스가 천지창조에서 신들의 탄생 및 계보 그리고 인간의 탄생에 이르는 과정을 계통적으로 서술한 작품이다. 독자에게 지식과 교훈을 전달한다는 점에서 교훈시로 분류되기도 한다. 제목이 의미하는 바와 같이 300명이 넘는 신들의 복잡한 관계를 간결하게 표현하고, 예로부터 전해오는 신화와 전설을 하나의 세계관 및 우주관에 비추어 체계를 세운 것으로 평가된다.

한 형체와 질서 없이 꽉 차 있는 상태로 해석된다. 그러나 카오스를 '허공'으로 보면, 그것은 아무 것도 없이 캄캄한 빈 공간이 된다.

▲ 헤시오도스*

신통기에서 설명하고 있는 카오스는 후자에 가깝다. 카오스에 이어 모든 자연과 물질의 어머니로서 가이아가 별도로 존재하고 있으며, 카오스는 캄캄한 빈 공간을 나타내는 에레보스와 닉스를 생산하고 있을 따름이다.

에레보스는 땅 속의 칠흑 같은 어둠을, 닉스는 빛이 없는 밤하늘의 어둠을 나타낸다. 하지만 로마시대의 작가 오비디우스에 따른 카오스는 오히려 전자 쪽이다. 여기에서 카오스는 모든 물질의 질료가 형상도 질료도 없이 하나의 거대한 덩어리를 이루고 있는 상태로 설명된다.

즉 카오스는 '허공'이 아니라, 질서와 대립되는 개념인 '혼돈'으로 해석한다. 이와 같이 카오스가 '혼돈'이라는 개념으로 쓰이게 된 것은 헤시오도스 이후에 활약한 그리스 철학자들의 새로운 해석에 기인한다고 보는 것이 정설로 되어 있다.

신통기에서는 이어서 다음과 같이 묘사하고 있다. 카오스에서 태초의 암흑인 에레보스(Erebus, 땅속의 칠흑 같은 어둠)와 밤의 여신 닉스(Nyx, 밤하늘의 맑은 어둠)가 태어났다. 이때까지는 온 세상이 어둠뿐이

* 고대 그리스의 서사 시인으로 '이오니아파'의 호메로스와 대조적으로 종교적, 교훈적, 실용적인 특징의 '보이오티아파' 서사시를 대표한다. 농경기술과 노동의 신성함을 서술한 《노동과 나날》은 설화성(說話性)과 목가적 서술이 뛰어나다.

었다.* 어둠(에레보스)과 밤(닉스)이 교합하기를 거듭하더니 이 둘 사이에 낮의 신 헤메라(Hemera, 낮)와 대기의 여신 아이테르(Aither, 맑은 대기)가 태어났다. 이로써 모든 천체가 운행할 우주의 드넓은 어둠과 낮과 밤의 세계가 생겨났다.

곧 이어 밤의 여신 닉스는 검은 날개로 바람을 일으켜 거대한 알을 낳았다. 이 알에서 모든 물질을 서로 결합하여 생성하게 하는 '생산의 신' 에로스(Eros, 사랑)가 태어났다. 에로스는 모든 신들과 인간들의 이성과 사지의 힘을 마비시키는 신이다.

이에 하늘과 땅이 나뉘고, 땅과 물이 나뉘더니 땅에서 스스로 생명을 얻은 대지의 여신 가이아(Gaia, 대지)가 생겨났다. 가이아는 올림포스 산과 칠흑같이 어두운 타르타로스에 거하는 영생 불사하는 모든 신들의 든든한 처소였다. 넓은 젖가슴을 지닌 가이아는 대지에 산맥의 신 우레아(Ore, 산맥)를 만들고, 자신을 두를 수 있을 바다의 신 폰토스(Pontus, 바다)와 자신을 덮어줄 하늘의 신 우라노스(Uranus, 하늘)를 낳았다.

가이아는 우라노스와 교합하여 아들 여섯과 딸 여섯을 낳았는데, 이들이 바로 '티탄(Titan, 거대한) 12남매'이다. 그리고 다시 두 차례 세쌍둥이 괴물인 외눈박이 거인 키클롭스(Cyclopes) 삼형제, 100개의 팔에 50개의 머리가 돋아난 괴물 헤카톤케이레스(Hekatoncheires, 백수거인) 삼형제를 낳았다.

대지의 여신 가이아가 만물의 근원으로 그려지고 있는 것은 여신이 생명의 모태로서 숭배 받던 원시 모계 사회의 흔적을 엿볼 수 있다. 카오

* 천지창조와 신들의 계보에 대해 헤시오도스의 《신통기(神統記)》에 따르면, "최초로 '무한한 공간'인 카오스가 생기고, 뒤를 이어 대지의 여신 가이아(Gaia)와 모든 물질을 서로 결합, 생성하게 하는 정신적인 힘인 에로스(Eors)가 생겨났다"고 기술하고 있다.

| 태초신들의 계보 |

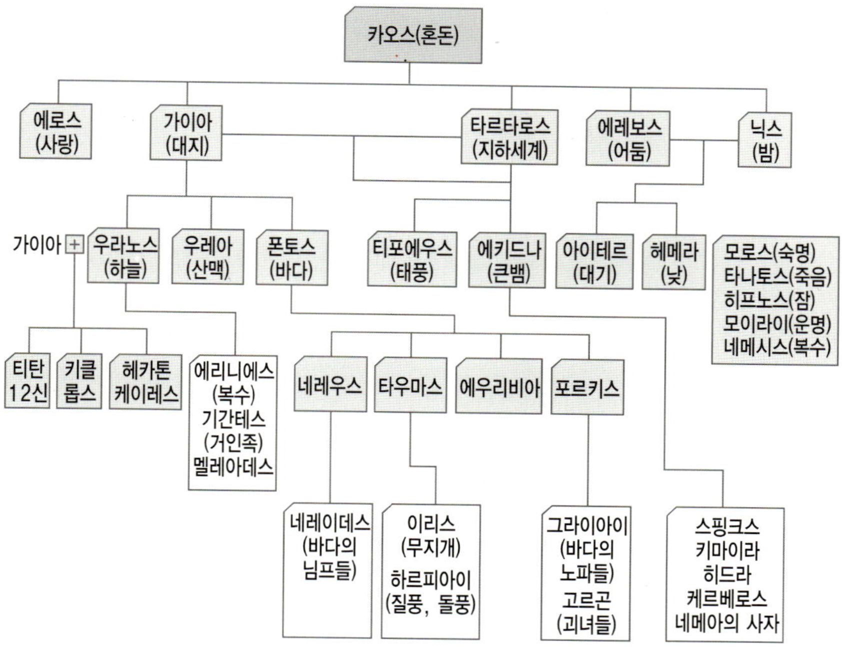

스, 가이아와 함께 최초에 등장하는 에로스는 올림포스 시대에 등장하는 사랑의 신 에로스와는 다르다. 태초에 에로스는 우주 만물이 결합하여 번식하는 일을 돕는 일종의 작용성을 갖는 존재로, 즉 보이지 않는 힘이다.

그런데 동일한 텍스트 안에서 몇몇 문제가 발생하게 되는데, 그것은 닉스의 딸로 묘사되고 있는 '운명의 여신' 모이라이 세 자매는 신통기에서 제우스의 티탄 신 테미시스 사이에서 태어난 자식으로 그려지고 있다는 사실이다. 이는 동일한 텍스트 안에서 모순되는 방식으로 서술되기도 한다는 점이다. 이와 같은 현상은 신화이야기가 세월이 흐르면서 다른 이야기와 만나고 뒤섞이면서 변형되는 과정에서 비롯된 것으로 해석할 수 있을 것이다.

티탄 12 남매

- 남신 : 오케아노스(Oceanus, 대양), 코이오스(Coeus, 하늘 덮개), 히페리온(Hyperion, 높은 곳을 달리는 자), 크리오스(Crius), 이아페토스(Iapetus), 크로노스(Cronos, 시간)
- 여신 : 테이아(Thia), 레아(Rhea, 결실), 므네모시네(Mnemosyne, 기억), 포이베(Phoebe, 황금의 관), 테티스(Tethys, 아름다운 자), 테미스(Themis, 이치)
- 키클롭스 삼형제 : 브론테스(Brontes, 천둥), 스테로페스(Steropes, 번개), 아르게스(Arges, 벼락)
- 헤카톤케이레스 삼형제 : 코토스(Cottus, 돌진하는 자), 브리아레오스(Briareus, 강한 자), 기에스(Gyes, 손을 함부로 놀리는 자)

한편, 밤의 여신인 닉스는 혼자의 힘으로 가이아 못지않게 많은 자식을 낳았다. 닉스는 혼자서 모이라이(Moerae, 운명)의 3여신뿐만 아니라, 게라스(Geras, 노쇠), 타나토스(Thanatos, 죽음), 히프노스(Hypnos, 잠), 모르페(Morphe, 악몽), 모모스(Momos, 비난), 오이튀스(고뇌), 필로테스(Philotes, 애욕), 에리스(Eris, 불화), 아바테(Apatis, 거짓말), 네메시스(Nemesis, 복수) 등을 낳는다. 우리가 죽음, 노쇠, 악몽, 고뇌……

등을 두려워하는 것도 이들이 밤의 여신의 자식인 까닭이다.

특히, 모이라이 세 여신 중에 아트로포스 여신은 그 어떤 신이라도 거스를 수 없는 신으로서 명계(冥界)를 흐르는 강의 여신 스틱스와 더불어 무서운 여신 중에 하나다. 이 닉스의 자식들 중에 불화의 여신 에리스(Eris)에게서 다시 전쟁, 논쟁, 기근, 싸움, 망각, 불법, 거짓말, 남자살해, 살인, 맹세, 불평, 폐허, 슬픔, 고생이 태어나게 된다.

이렇게 하여 하늘과 땅이 정비되고 바야흐로 신들의 시대가 열리게 되었다. 최초에 열린 세계를 지배하였던 신들은 티탄이었고, 신들의 절대자는 아내이자 어머니인 가이아에게 통치권을 물려받은 우라노스였다.

▲ 모이라이 세 여신
클로토(베 짜는 여신), 라케시스(나눠 주는 여신), 아트로포스(거역 할 수 없는 여신)

2. '신들의 탄생'이 갖는 의미

신통기에서는 이어서 하급 신들과 인간의 출현 그리고 신들의 전쟁과 신과 인간의 갈등에 대해 기록하고 있다. 그래서 제우스를 정점으로 올림포스 신들의 시대가 열리는 것으로 매듭을 짓는다. 신통기에 나타난 그리스 신화 이야기를 통해 우리는 그리스 신화 속에 담겨 있는 우주와 신 그리고 인간에 대한 당시 그리스인들의 사고를 엿볼 수 있다.

그리스 신화에 등장하는 신들은 기독교에 등장하는 신과는 근본적인 측면에서 차별성을 갖는다. 기독교의 유일신은 창조자이지만 그리스 신화에 등장하는 신들은 피조물일 따름이다. 『구약성서』 '창세기' 에 등장하는 하나님은 창조의 주체이지만, 그리스 신화에 등장하는 신들은 창조의 주체가 결코 아니다.

태초에 카오스의 상태에서 가이아와 에로스가 모습을 드러내고 있지만, '생겨났다'와 같은 묘사에서 알 수 있듯이 그들은 단지 피동적으로 행할 따름이다. 그들로부터 기원되는 것도 몸체로부터 생성되거나, 여타의 피조물과 다름없이 성적 결합에 의해 생성된다.

그리스 신들은 피조물의 범주를 벗어나지 못하고 있다. 그래서 그리스 신화가 이야기해주고 있는 것은 우주와 세상의 '창조'에 관한 것이라기보다는 '기원'과 '생성'에 관한 설명인 셈이다.

창조자와 피조물로 엄격히 대비되는 기독교의 창세기와는 달리, 그리스 신화의 우주와 신 그리고 인간은 같은 피조물로서 그 성격을 달리하지 않는다. 그리스 신화 속의 우주 전체는 모두 신성이라는 측면과 인성적 측면을 공유한다. 하늘, 땅, 산, 바다, 밤, 낮, 해, 달, 별 등 모든 우주와 자연은 곧 신이다. 탄생과 죽음, 잠, 사랑과 미움 등 인간의 모든 심적 현상과 변화 또한 신성을 지닌다.

그래서 신성을 지닌 모든 신적 존재는 사랑하고, 미워하고, 질투하고, 시기하는 인간의 모습을 그대로 닮고 있다. 그러므로 유일신을 섬기는 기독교와는 달리 그리스 신화는 다신론을 기반으로 하고 있다.

또한 신성과 인성을 동일시한다는 점에서 신인동형동성론(神人同形同性論)으로 설명되기도 한다. 신과 인간이 서로 같은 피조물로서 협상하고 타협하고 조정하는 이른바 우주와 세상의 '주인'으로서의 인간을 그려내는 그리스인들의 인본주의를 그대로 담고 있다고 보아야 할 것이다.

참고 : 히에로니모스(Hieronymos)와 헬라니코스(Hellanikos)가 전하는 바에 따르면 태초에 물과 땅이 있었고, 여기에서 수많은 뱀의 머리와 날개, 그리고 양성을 가지고 있는 늙지 않는 흐로노스(Χρονός)와 아드라스테이아, 아낭케의 여신이 생겼다. 흐로노스로부터 아이테르와 카오스, 에레보스가 탄생하였는데 이것이 1세대이다. 아이테르에서 하나의 달걀이 나오는데 파네스가 나타나며 파네스가 그의 딸인 밤의 신과 결합하여(2세대) 우라노스와 가이아의 신이 태어남으로 3세대가 시작한다. 우라노스와 가이아의 결합으로 클로토, 아트로포스, 라케시스와 각기 100개의 손들을 가진 여섯 명의 아들, 그리고 크로노스(Κρονός)와 여동생 레아, 오케아노스, 테티스, 티탄들을 낳았다. 크로노스는 어머니 가이아의 도움으로 아버지 우라노스를 그 권자에서 몰아내고 동생 레아와 결합하게 되어 4세대가 시작한다. 크로노스는 자신의 아버지처럼 권좌에서 밀려나지 않기 위하여 태어나는 자식들을 삼켜 버렸는데, 그 가운데 제우스만은 레아의 도움으로 살아남게 된다. 제우스는 결국 아버지 크로노스를 몰아내고 데메트라라는 젊은 여인으로 변신한 어머니 레아와 결합을 하게 되고 파네스를 통째로 삼켜버림으로써 힘을 얻게 되며 모든 만물의 "시작과 중간과 끝"이 된다. 제우스와 레아, 즉 데메트라와의 사이에서 딸인 페르세포네가 탄생하고 여기서부터 5세대가 시작한다. 제우스는 딸, 페르세포네와 동침을 하여 디오니소스를 낳았다. 티탄들은 제우스에 대해서 언제나 적대적이었는데, 어느 날 그들은 장난감을 가지고 디오니소스를 유괴하여 그를 조각내어 먹어버렸다. 이를 보고 받은 제우스는 분노하여 번개불을 가지고 티탄들을 제거한다. 제우스는 디오니소스 또는 자그레우스를 다시 살림으로서 6세대가 시작한다. 이렇게 하여 여섯 세대가 완성된다. 즉 1. 흐로노스(Χρονός)와 아이테르, 카오스 2. 파네스와 밤 3. 우라노스와 가이아 4. 크로노스(Κρονός)와 레아 5. 제우스와 페르세포네 6. 디오니소스가 탄생하였다.

–『신통기』에서

티탄 12신과 올림포스 신들의 계보

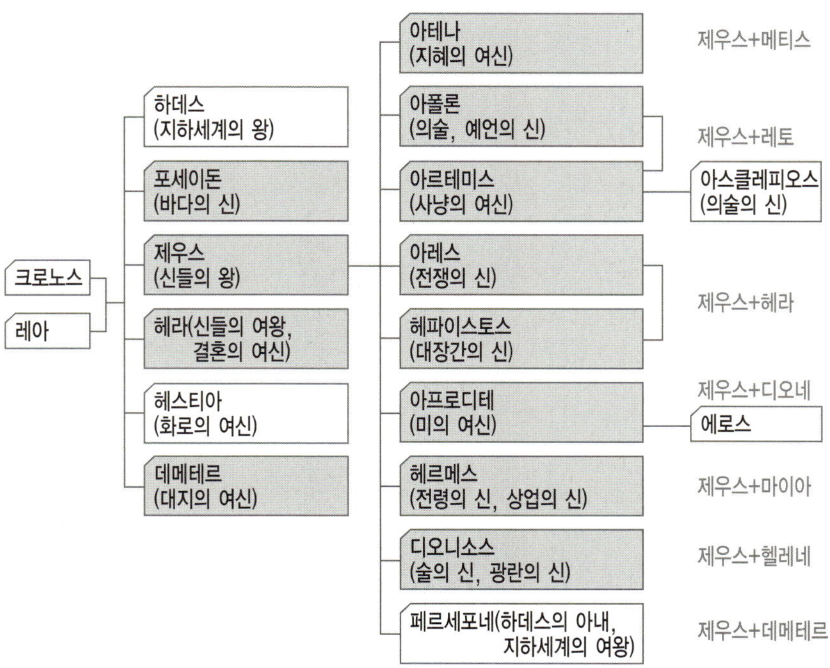

그리스 신화의 철학적 사유

제4주제

신들의 전쟁

1. 우라노스와 크로노스

하늘인 우라노스(Uranus)와 대지인 가이아(Gaia) 사이에 태어난 자식들로는 '거대한' 이라는 의미의 티탄(Titan) 12남매와 외눈박이 거인인 키클롭스(Cyclopes) 삼형제, 그리고 백수거인 헤카톤케이레스(Hekatoncheires) 삼형제가 있었다.

이들 중 키클롭스 삼형제와 헤카톤케이레스 삼형제는 저희들끼리 싸우는 것은 물론이고 형들과 누나들인 티탄 12남매에게도 행패를 부렸다. 특히 이들의 몰골은 우라노스를 소름끼치게 만들기에 충분할 정도의 모습을 하고 있었다. 우라노스는 행패를 부리고 말썽을 피우는 괴물 같은 자식들이 보기 싫어 이들을 모두 빛이 닿지 않는 가이아 몸속 가장 깊은 곳에 있는 타르타로스(Tartaros, 무한지옥)에 가두고 만다.

하지만 가이아는 덩치 큰 자식들이 자신의 몸 안에서 요동치는 바람에 견딜 수가 없었다. 원치 않던 자식을 낳게 한 우라노스에게 책임이 있다고 생각한 가이아는 오장육부가 뒤틀리는 고통을 감내하며 우라노스를 향한 복수의 음모를 꾸미게 된다.

가이아는 자신의 몸속에 있는 아다마스라는 금속으로 큰 낫을 만들고, 막내아들이자 '시간의 신' 인 크로노스(Cronos)에게 아버지를 응징할 것을 제안하며 그 구체적인 방안으로 자신의 아버지인 우라노스의 성기를 낫으로 잘라 버리도록 명령한다. 밤이 되어 우라노스가 욕정에 불타 대지 가이아의 몸을 감싸며 덮쳐 왔을 때, 몰래 침실에 숨어있던 크로노스는 재빨리 왼손으로는 우라노스를 잡고 오른손으로는 크고 날카로운 낫을 들어 그의 남근을 싹둑 잘라 바다로 던져버리고 만다.

뜻밖에 변을 당한 우라노스는 너무 놀라 먼 곳으로 달아나게 되고, 이제 더 이상 하늘과 대지는 섞이지 않게 되었다. 비로소 하늘과 땅이 영원히 분리된 것이다. 남근이 잘려 달아날 때 우라노스는 자신을 반역한 크

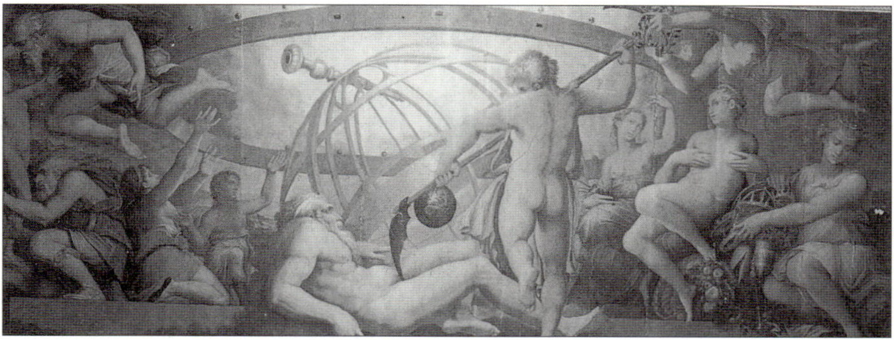

▲ 아버지 우라노스의 남근을 거세하는 크로노스

로노스를 향해 "나와 마찬가지로 너도 자신의 아들에 의해 거세당할 것"이라고 저주하게 된다.

한편, 크로노스가 우라노스의 남근을 자를 때 품어져 나온 핏방울들은 가이아의 몸 위로 떨어졌고, 이 핏방울에서 복수의 여신들인 에리뉘에스(Erinyes) 자매, 거인족 기간테스(Gigantes) 형제가 태어나게 된다. 가이아의 몸을 감싸고 있던 바다에 떨어진 성기는 떠다니다가 그 주의에 하얀 거품을 만들어냈는데 바로 이 거품에서 사랑과 미(美)의 여신 아프로디테(Aphrodite, 거품에서 태어난 자)가 탄생하게 된다.

우라노스에게 통치권을 주었던 가이아는 이렇게 하여 그를 권좌에서 내쫓았고, 크로노스가 천상의 최고의 신이 되었다. 이후로 부부였던 가이아와 우라노스는 영원히 갈라서게 되어, 하늘과 땅은 멀리 떨어져 있어 더 이상 섞이지 않게 되었다.

신들 간의 패권 다툼에서 남근을 자르는 행위는 다른 신화에서도 자주 등장한다. 종족 번식의 상징인 남근을 절단하는 것은 족장의 패권을 효과적으로 차단하는 행위 가운데 하나다. 즉, 패권 다툼에서 반대 세력들은 실각한 족장 목숨 대신에 남근을 절단함으로서 도덕성과 정통성 시비를 최소화하면서 패권을 무력화시키는 전략을 구사했으리라는 해석이 가능하다.

2. 크로노스와 제우스

아버지 우라노스(Uranus, 하늘)를 거세하여 천상의 왕위에 오른 크로노스(Cronos, 시간)는 누이인 레아(Rhea, 결실)와 결혼하여, 명계(冥界)의 신 하데스(Hades), 바다의 신 포세이돈(Poseidon), 화로의 여신 헤스티아(Hestia), 풍요(豊饒)와 곡식의 여신 데메테르(Demeter), 신들의 여왕 헤라(Hera), 이렇게 5남매를 차례로 낳게 된다.

그러나 크로노스는 가이아와 손을 잡고 거사하기 전에 맺은 협정을 깨버리게 된다. 그는 우라노스를 거세하면서 타르타로스에 갇혀 있는 자식들을 풀어주기로 가이아에게 약속했는데, 마음이 변하여 약속을 이행하지 않는다. 이런 상황에서 우라노스의 '아들에 의해 쫓겨날 것' 이라

◀ 자식을 삼켜버리는 크로노스 (프란시스코 고야 作)

는 저주(詛呪)와 함께 가이아의 저주까지 받게 되자 가장 극악무도한 방식으로 저주를 피하고자 한다.

결국 크로노스는 레아와의 사이에서 태어난 자식들을 낳는 즉시 삼켜버리고 만다. 헤스티아, 데메테르, 헤라, 하데스, 포세이돈 등 5명의 자식을 차례대로 삼키게 되는데, 제 자식을 삼켜버리는 매정한 남편을 그대로 둘 수 없었던 레아는 가이아에게 재앙을 피할 계책을 내려달라고 간청하기에 이른다. 이에 레아는 여섯 번째 제우스(Zeus)* 가 태어나자 대지의 여신 가이아의 조언대로 제우스를 크레타 섬에 숨기고, 남편에게 강보에 싸인 돌을 아기라고 속여 삼키게 한다.

제우스는 빠르게 성장하여 가이아와 손잡고 꾀를 써서 아버지의 몸 안에 있던 형제자매들을 토해내게 했다. 이 때 크로노스는 마지막으로 삼켰던 돌을 맨 먼저 토했는데 제우스는 이 돌을 '세계의 배꼽' 이라 하고, 세계의 중심인 델포이 신전이 있는 파르나소스 산에 올려놓아 승리의 증거로 삼았다.

그는 또한 타르타로스에 갇혀 있던 키클롭스 삼형제와 헤카톤페레이

* 질서의 감시자 제우스는 신과 인간의 지배자로서 바람과 구름, 비, 천둥, 번개 등 모든 자연의 변화를 주관한다. 그는 인간에게 좋은 날씨를 보내주어 풍요와 평화를 주기도 하지만, 인간세상이 복잡해지거나 인간들이 타락해지면 홍수와 가뭄을 내려 벌을 가하기도 한다. 제우스는 분수에 어울리지 않는 욕심을 내어 질서를 어지럽히는 자들을 용서하지 않았다. 거인이나 신도 질서를 어지럽히면 용서받지 못했다. 제우스는 자연의 질서를 혼란스럽게 하는 모든 것들에 대해 엄중한 처벌을 내렸으며, 또한 신의 권력에 도전하는 인간의 오만함에는 용서가 없었다.

스 삼형제 또한 해방시킨다. 키클롭스 삼형제, 즉 '천둥', '번개', '벼락'을 의미하는 브론테스, 스테로페스, 아르게스는 손재주가 뛰어나 제우스에게 각각 천둥과 번개와 벼락을 만들어 주었다. 이들의 지원을 받은 제우스는 형제자매들과 손을 잡고 아버지 세대인 티탄 신족들과 싸워 승리함으로서 이후에 세상의 패권을 차지하게 된다.

▲ 델포이유적지 유물관에 전시된 옴팔로스*

크로노스는 시간, 즉 세월이 흐르면 모든 것이 사라지는 것이 자연의 이치인데 '시간의 신'인 크로노스가 삼킨 것을 토해낸 것은 시간을 거슬렀다는 것을 의미한다. 크로노스는 힘을 잃고 대지의 가장 깊은 곳에 있는 타르타로스에 갇히게 되었다. 크로노스가 삼켰던 자식들은 제우스의 형과 누나들이었지만 크로노스가 토할 때 제우스는 장성한 청년이었고, 형과 누나들은 갓난아기와 다름없었기 때문에 천상의 왕위 자리는 제우스가 차지하게 되었다.

* 옴팔로스는 그리스어로 '배꼽'이란 뜻이다.

3. 올림포스의 신들과 티탄신들

크로노스를 왕좌에서 몰아낸 제우스는 어린 형들과 누이를 데리고 올림포스 산 꼭대기에 하늘의 궁전인 천궁(天宮)을 짓고 그들의 세력을 확장시켜 나갔다. 그러던 중 오르튀스 산꼭대기에 웅거하고 있던 티탄 신족(神族)들과 치열한 전투가 벌어졌다. 이 싸움을 '티타노마키아(Titanomachia)'라고 하는데, 이는 '티탄들과의 싸움'이라는 뜻이다.

이 전쟁에 있어서 티탄 신족 중에 제우스 편을 들어 싸운 신이 있었는데, 그들이 바로 오케아노스(Oceanus)와 그 딸인 스튁스(Styx) 그리고 스튁스의 자식들인 크라토스(Kratos, 무적), 비아(Bia, 힘), 젤로스(Zelos, 경쟁과 질투), 니케(Nike, 승리)이며 이아페토스(Iapetos)의 아들

프로메테우스(Promethus)와 에피메테우스(Epimetheus), 가이아, 레아(Rhea)도 제우스 편에 서서 싸웠다.

제우스는 가이아가 시키는 대로 땅속 깊은 곳인 타르타로스(Tartaros)에 갇혀있던 키클롭스(Cyclopes) 삼형제와 헤카톤케이레스(Hekatoncheires) 삼형제를 풀어 주어 자기 편으로 끌어 들였다. 이들은 제우스에게는 번개, 포세이돈(Poseidon)에게는 삼지창 트라이아나(Triaina), 하데스(Hades)에게는 머리에 쓰면 상대방에게 보이지 않게 되는 황금투구 퀴네에(Kynee)를 무기로 만들어 주었다.

▲ 올림포스 신들과 티탄의 전쟁 (파울 구스타프 도래 作)

티탄 신족들과의 전쟁은 오랜 시간 끝에 올림포스 신들의 승리로 끝나게 된다. 패배한 티탄 신족들은 땅속 깊은 곳 타르타로스에 갇히게 되거나 형벌을 주었다. 아틀라스(Atlas)는 두 어깨로 하늘을 떠받들고 있어야 하는 형벌을 받게 되는데, 아틀라스가 하늘을 떠받치게 됨으로서 이제 하늘과 땅의 불안정한 상태는 영원히 끝이 나게 된다.

이로써 올림포스 신들의 시대가 열리고 제우스는 하늘을, 포세이돈은 바다를, 하데스는 지하 세계를 다스리게 되었고 올림포스와 대지는 이들의 공동 소유로 했다. 이제 올림포스 산에는 신들이, 산 아래는 사람들이 들끓게 되었다.

4. 올림포스의 신들과 기간테스

제우스가 자신의 아버지인 크로노스와 그의 형제들인 티탄(Titan) 신족들과의 전쟁에서 승리하여 지배하게 된 세계는 더 이상 카오스(Chaos)의 세계가 아니었다. 하늘과 땅, 강과 바다가 모두 제자리를 잡은 안정된 세계, 즉 코스모스(Cosmos)였다. 그러나 우주의 지배권을 확실히 하기 위해서는 제우스에게 아직 넘어야 할 고비가 남아 있었다.

새로운 승리자 제우스는 티탄 신족들을 땅속 깊은 곳인 타르타로스(Tartaros)에 가두었으나, 이는 가이아(Gaia)의 뜻에 거슬리는 것이었다. 비록 크로노스의 만행이 괘씸하여 제우스를 도와 그를 제거하기는 했지만, 제 자식들이 영원히 지하의 어둠 속에 갇히는 것을 바랐던 것은 아니었기 때문이다.

▲ 기간테스의 추락 (줄리아 로마노 作)

티탄에 대한 제우스의 처리방법이 마음에 들지 않던 가이아는 제우스를 응징하기로 마음먹고 무지막지한 거인들인 기간테스(Gigantes)를 낳게 된다. 또 다른 설로는 이들은 우라노스(Uranus)의 성기가 잘려 나갈 때 대지 위에 떨어진 피에서 태어났다고 한다. 그러나 기간테스란 어원적으로 가이아의 자식들이란 의미를 지닌다.*

인간의 형상을 한 기간테스는 불사의 몸은 아니었지만 이들의 힘은 엄청나서 산을 번쩍 들어 올릴 수 있었고, 키는 커서 일어서면 머리가 하늘에 닿고 깊은 바다에 들어서도 겨우 허리 정도만 잠길 뿐이었다.

결국 가이아의 사주를 받은 기간테스들은 아무런 선전포고도 없이 올림포스를 공격해 왔다. 집채만 한 바위가 날아들고 불붙은 큰 나무가 빗발치듯 쏟아졌다. 거인들이 움직일 때마다 천지가 흔들려 섬은 가라앉고 땅은 바다로 무너져 들어갔다. 강물은 물줄기가 엉망이 되어 곳곳이 범람하고 화산들은 일제히 용암을 뿜어댔다. 지진이 땅을 울리고 바다에는 해일이 일어났다. 마치 지옥이 따로 없는 형국이었으며, 온 세상이 다시 카오스로 되돌아간 것 같았다. 올림포스 산을 비롯한 모든 산들이 마치 나뭇잎이 떨듯 요동 쳤다.

올림포스의 신들도 전열을 가다듬고 용감히 맞서 싸웠다. 선두에 번

* 원전에 따라 스토리 전개에 있어서는 차이가 있을 수 있다.

▲ 세상을 삼등분 하는 제우스, 하데스, 포세이돈

개와 천둥으로 무장한 제우스는 그 옆에 승리의 여신 니케(Nike)를 대동하고 맞서 싸우고, 포세이돈과 헤파이스토스, 아폴론, 아레스도 각자 무장을 하고 싸웠다.

결정적인 것은 운명의 여신 모이라이(Moirai)가 제우스의 편에 서서 그들과 대항했다는 사실이다. 당나귀를 탄 디오니소스는 판(Pan)* 신을 비롯한 그의 무리들을 이끌고 전투에 뛰어들었다. 디오니소스의 무리들이 질러 대는 요란스러운 소리에 기간테스들은 공포에 빠졌다.

그러나 역시 가장 혁혁한 전과는 바로 이 전쟁 와중에서 무장을 한 채 갓 태어난 아테나(Athena) 여신의 몫이었다. 아테나는 기간테스 중에서도 가장 무섭고 힘이 센 팔라스(Pallas)를 죽이고 그의 가죽을 벗겨 갑옷의 가슴막이로 삼았다.

이로써 결국 전세는 제우스 편으로 기울게 된다. 티탄 신족을 완전하게 섬멸한 제우스는 전쟁 이후 세상을 분할하여 통치하는 방식을 취하게 되는데, 서로 제비뽑기를 하여 그 결과 제우스는 하늘과 지상세계를, 포세이돈은 바다를, 하데스는 지하세계를 다스리게 되었다.

* 그리스 신화에 나오는 목신(牧神). 춤과 음악을 좋아하는 명랑한 성격의 소유자인 동시에, 잠들어 있는 인간에게 악몽을 불어넣기도 하고, 나그네에게 갑자기 공포를 주기도 한다고 믿어져 '당황'과 '공황(恐慌)'을 의미하는 패닉(panic)이라는 말은 이 신에게서 유래한다.

5. 제우스의 권력투쟁과 튀폰과의 전쟁

제우스가 기간테스까지 물리치자 가이아는 아프로디테의 소개로 자신의 뱃속 깊숙한 곳에 있던 타르타로스와 관계를 맺어 막내아들 '튀폰(Typhon)'을 낳게 된다.

튀폰이라 불리는 이 괴물은 상반신은 인간이고 하반신은 뱀이었는데 어깨 위에는 백 마리의 뱀 머리들이 있었고 눈에서는 불꽃이 튀어나왔으며 입에서는 어마어마한 괴성을 질러대는 존재로 그 힘과 몸짓은 어느 누구도 당해낼 자가 없었다. 키는 기간테스보다도 커서 일어서면 머리가 별에 부딪히고 손을 뻗으면 하늘의 동쪽 끝에서 서쪽 끝까지 닿았다. 손가락 대신 뱀이 백 마리나 달려 있었고 허리 아래로는 독사들이 감겨 있었다. 날개가 있어 날 수도 있고 독사들은 검은 혀를 날름거리며 끊임없이 불꽃을 뿜어 대며 듣기에도 무시무시한 소리를 내고 있었다. 이 튀폰 때문에 제우스의 형제들은 한동안 수세에 몰리기도 했지만, 최후의 승리는 결국 제우스의 몫이었다.

제우스는 올림포스 산에서 뛰어내리면서 온 힘을 한 곳으로 집중하여 천둥과 번개 그리고 벼락을 쏟아 부으면서 이 괴물의 머리를 불사르고 최후의 일격을 가해 결국 타르타로스로 내던져버리게 된다. 결국 제우스가 튀폰의 공격까지 막아내자 그의 권좌는 더 이상 위협받지 않게 되었고, 우주에는 질서가 잡히기 시작했다.

뱀은 원시 모계사회에서 대지의 모신을 상징하는 영물이라는 것이 정설이다. 만물의 터전이자 생명의 모태인 땅과 어머니가 하나의 상징으로 어우러지듯 온몸으로 땅의 정기를 받아들이는 뱀이 대지의 여신에 수족으로 그려지는 것은 자연스러운 일이다. 따라서 여신을 상징하는 뱀이 남신들에 의해 죽음을 맞는 설화 속에는 부권에 대하여 모권이 서서히 그 영향력을 상실하는 사회적 변천 과정이 담겨 있다고 볼 수 있다.

우라노스로부터 제우스로 이어지는 남신들의 패권다툼에서 대지의 여신 가이아가 끈질기고도 집요하게 끼어들어 반란을 부추기고 모반자를 다시 응징하기도 하는 모습은 힘(세력)의 중심이 모권에서 부권으로 넘어가는 과정에서 모권의 견제와 반발이 만만치 않았음을 시사한다.

그리스 신화의 철학적 사유

제5주제

신화 이야기

1. 프로메테우스와 판도라

티탄(Titan) 신족들과의 전쟁에서 티탄신이면서 제우스 편에 서서 싸운 프로메테우스(Prometheus, 먼저 아는 자)와 에피메테우스(Epimetheus, 나중에 아는 자)는 올림포스 신들의 승리로 전쟁이 끝난 뒤, 제우스로부터 생명체들을 만들라는 명령을 받고 지상에 내려오게 된다.

프로메테우스가 물과 흙을 빚어 여러 가지 생명체들을 만들어내면 에피메테우스는 그 생명체에게 저마다 적당한 특징들을 부여하였다. 어떤 것에게는 날카로운 발톱을, 어떤 것에게는 날개를 달아주었다. 또 어떤 것은 단단한 껍질을, 어떤 것은 빠른 발을 부여 받았고 어떤 것은 물속을 헤엄칠 수 있게 되었다. 그렇게 수많은 생명체들을 창조한 후 마지막에 이르러 프로메테우스는 신들의 형상을 빌어 인간(남자)을 만들어 내었다.

하지만 그 인간에게 영혼이 주어지고 에피메테우스에게 보내어지자 문제가 발생하였다. 지나치게 인심을 쓰다 보니 모든 생물들을 관리해야 할 인간의 차례가 되어서는 정작 줄 것이 아무것도 없었던 것이다.

에피메테우스는 고민하던 끝에 프로메테우스에게 도움을 요청했고, 역시 이를 고민하게 된 프로메테우스는 인간들에게 불을 줄 것을 제안하였다. 그러나 제우스를 비롯한 신들은 이에 반대했다. 이유인 즉, 인간들이 불을 사용하게 되면 결국에는 신들을 우습게 여기고 경배하지 않게 되리라는 것을 알았기 때문이다. 하지만 인간이란 존재는 너무도 허약하게 만들어져서 자신을 보호할 수 있는 힘이나 특징이 아무 것도 없었기에 만일 불이 없이 그들을 그대로 세상에 내보내게 된다면 금방 멸망해 버릴 것이 뻔하였다.

결국 고심 끝에 프로메테우스는 몰래 하늘로 올라가 태양의 마차에서 불을 훔쳐내어 인간들에게 주고 사용하는 법을 가르치니 인간들은 다른 동물들과는 달리 불을 두려워하지 않게 되었다. 뿐만 아니라 그 불을 이용해서 추위도 견딜 수 있게 되었고, 여러 가지 연장과 무기를 만들 수 있게 되었다. 이렇게 되니 인간의 수가 급격히 불어나 온 지상에 가득 차게 되었다.

하지만 인간에게 몰래 불을 선물한 죄로 프로메테우스는 제우스의 분

▲ 제우스의 형벌을 받은 프로메테우스 (요르단스 作)

노를 사게 된다. 제우스는 프로메테우스를 코카서스의 바위에 쇠사슬로 묶어놓았다. 매일 독수리가 와서 그의 간을 쪼아 먹었지만 그는 신이었기에 죽지 않고, 하루가 지나면 다시 살은 돋아났다. 프로메테우스가 인간을 위해 한 일들은 제우스의 권위에 대항하는 것이었다. 그래서 그는 부당한 수난에 대한 영웅적인 인내와 압제에 반항하는 의지력의 상징이 되었다.

한편, 인간에게 불을 가져다준 프로메테우스에게 분노한 제우스는 프로메테우스를 코가서스 절벽에 묶어 벌주는 것에 그치지 않고, 인간들에게도 직접 벌을 내리기로 했다. 이렇게 해서, 신들로부터 온갖 선물을 받고 태어난 최초의 여인 판도라(Pandora)가 태어났다. 헤파이스토스는 아름다운 목소리와 참을성을, 아테나 여신은 방직기술을 가르쳐 주었고, 아프로디테는 매력과 교태를, 가슴에는 격렬한 욕망과 몸을 나른하게 하는 생각을 주었다. 헤르메스는 염치없음과 교활한 성격과 거짓말을 판도라에게 주었다.

이 여인은 '나중에 생각하는 사람' 이라는 뜻의 에피메테우스에게 보내졌는데, 제우스의 선물을 조심하라는 형 프로메테우스의 경고를 듣긴 했지만, 너무나 아름다운 판도라의 모습에 반한 에피메테우스는 그만 판도라를 아내로 맞이하게 되었다.

판도라는 하늘에서 내려올 때, 신들로부터 상자 하나를 선물로 받았다. 그 상자에는 인류의 모든 재앙이 들어 있었는데 유일한 선은 '희망' 뿐이었다. 절대로 그 상자를 열어봐서는 안 된다는 경고를 듣긴 했지만, 호기심을 못이긴 판도라는 결국 그 상자를 열어보았고, 그 안에서 온갖 불행과 재앙이 뛰쳐나와 인간세상으로 퍼져나갔다. 깜짝 놀란 판도라는 이내 뚜껑을 닫았지만 이미 그 안에 있는 모든 것들은 모두 빠져나가고 희망만이 남게`되었다. 그때부터 인간은 온갖 불행과 어려움 속에 절망하지만 그래도 희망을 간직하고 살게 되었다고 한다.

▲ 판도라 (단테이 게이브리얼 로세티 作)

2. 아프로디테의 탄생

시간의 신 크로노스(Cronos)가 낫으로 자기 아버지인 하늘의 신 우라노스(Uranus)의 '남근'을 거세했을 때, 우라노스의 '남근'이 뿜어 낸 피 중의 일부는 대지의 여신 가이아(Gaia)에게로 튀었고, 남근은 대지를 둘러싸고 있던 바다에 떨어졌다. 바다에 떠다니던 남근 주의에 하얀 거품이 모이고 이 거품 덩어리는 오랜 세월 바다 위를 떠다니게 된다. '거품'을 뜻하는 고대 그리스어는 '아프로스', 말하자면 우라노스의 피는 아프로스 상태로 오랜 세월 바다를 떠다니게 된 것이다.

그러던 어느 날 이 거품, 즉 아프로스에서 아름다운 여신이 솟아올랐다. 바다의 신은 거대한 조개껍데기 하나를 밀어 올려 이 여신을 태웠다.

▲ 아프로디테의 탄생 (산드로 보티첼리 作)

서쪽 바람의 신 제피로스(Zephyros)는 여신이 타고 있는 조개를 해변으로 밀어 한 섬에 상륙하게 했다. 여신이 상륙할 당시에도 거품은 여신이 탄 조개껍데기 주위를 떠다니고 있었다.

때마침 이 섬에 있던 호라이 3자매 여신 가운데 맏이인 탈로는 이 여신에게 옷을 입혀주고는 '거품에서 태어난 여신' 이라고 해서 아프로디테* 라고 이름을 붙였다. 아프로디테가 상륙한 섬이 바로 퀴프로스다. 이때부터 이 섬은 아프로디테 여신의 섬이 된다.

아프로디테의 또 다른 출생설은, 티탄의 하나이며 프로메테우스의 동생인 에피메테우스와 그의 아내 판도라의 딸 디오네(Dione, 바다의 정령)와 제우스 사이에서 태어난 딸이라는 설이다.

* 아프로디테는 '거품에서 태어났다' 라는 뜻이다. 사랑과 미(美)의 여신으로 헤파이스토스(Hepaistos)의 아내이며 로마 신화의 비너스(Venus)에 해당한다. 애욕의 여신이기도 하며 '가장 아름다운 여성에게' 라고 쓰인 황금사과를 받은 가장 아름다운 여신이다.

3. 아프로디테와 아도니스

옛날 시리아의 왕 테이아스는 스미르나(Smyrna)라는 아름다운 딸이 있었다. 이 딸이 어찌나 아름다운지 왕은 미(美)의 여신 아프로디테(Aphrodite)가 아무리 아름다울지라도 자기 딸 보다 못하다고 딸의 미모를 칭찬 하였다.

아프로디테는 크게 노하여 아들 에로스(Eros)에게 무례하기 짝이 없는 이 부녀(父女)를 혼내주라고 시켰다. 에로스는 어머니가 시키는 대로 스미르나에게 사랑의 금 화살 한 대를 쏘았다. 물론, 그 사랑의 대상은 그녀의 아버지 테이아스였다. 화살에 맞은 스미르나는 아버지에게 견디지 못할 정도의 정욕을 품게 되었고, 결국 그녀는 아버지에게 술을 먹여

취하게 한 뒤 동침하여 임신을 하게 되었다.

딸의 배가 점점 불러오자 왕은 딸을 불러 아기의 아비가 누구냐고 물었다. 뱃속의 아이가 자신의 아이라는 것을 알게 된 왕은 창피하고 분한 마음에 칼을 뽑아 딸을 죽이려고 했다. 이때 아프로디테 여신이 나타나 스미르나의 몸을 몰약나무로 바꾸었다. 아프로디테는 몰약나무 둥치 속에서 자라고 있는 아기를 꺼내 상자에 넣어 남의 눈에 띄지 않는 명계(冥界)로 데려가서 페르세포네(Persephone)에게 맡겼다. 바로 이 아이가 아도니스(Adonis)다.

아도니스는 점점 자라면서 세상에 보기 드문 미남이 되었다. 페르세포네는 아도니스를 자기의 곁에 두고 종종 남편 몰래 사랑해 주었다. 이것을 알게 된 아프로디테는 맡겼던 아이를 돌려 달라고 했으나 페르세

▲ 아프로디테와 아도니스 (티치아노 베첼리오 作)

포네는 거절했다. 결국 여신은 제우스에게 탄원했다. 제우스는 아도니스에게 1년 중 넉 달은 페르세포네와, 넉 달은 아프로디테와 머물게 했다. 나머지 넉 달은 아도니스의 자유의사에 맡기기로 했다.하지만 아도니스는 페르세포네에게 돌아갈 수 없었다. 아프로디테가 가지고 있던 케스토스히마스(마법의 띠)로 아도니스의 정욕을 부추겨 독점해 버린 것이다. 몹시 화가 난 페르세포네는 아프로디테의 정부(情夫)인 전쟁신 아레스(Ares)에게 "아프로디테가 아레스는 안중에도 없다는 듯이 자고 새면 아도니스만 난잡하게 희롱해서 태양신이 다 낯을 붉힌다"라고 꼬드겼다.

아레스는 자기 이외에, 더욱이 애송이 인간에게 아프로디테를 빼앗겼다는 것이 너무나도 불쾌했다. 아도니스를 죽이려고 기회를 노리던 아레스는 마침 사냥중인 그를 보고, 멧돼지로 변신하여 맹렬히 돌진하여 옆구리를 날카로운 어금니로 물어 버렸다. 아도니스는 이내 피를 흥건히 흘리며 쓰러져 죽고 말았다.

소식을 듣고 급히 숲으로 돌아온 아프로디테는 아도니스의 주검에다 넥타르(神酒)를 뿌리고 꽃이 될 것을 축원하니, 여기에서 피어난 꽃이 바로 '아네모네(anemone)' 이다.

4. 페르세포네와 하데스

올림포스(Olympos) 신들과 기간테스(Gigantes)와의 전쟁에서 승리한 올림포스 신들은 살아남은 기간테스들을 산이나 바위로 눌러 놓거나 무한 지옥 타르타로스(Tartaros)에 가두었다. 산이나 바위에 눌린 기간테스들은 아직도 때때로 그곳을 도망치려고 몸을 뒤척이는 바람에 대지가 자주 요동쳤다. 기간테스의 뒤척임은 지진이 되었고, 뜨거운 숨결은 곧 화산이 되었다.

그런데 기간테스 중 하나의 몸부림은 땅 거죽은 물론이고, 땅 밑에 있는 명계(冥界)까지 뒤흔들었다. 명계의 신 하데스(Hades)는 자신의 왕국이 날빛에 노출되는 것을 근심한 나머지 피해상황을 살피기 위해 검은 말이 끄는 전차를 타고 땅 위에 올라왔다.

그런데 이날따라 하데스는 늘 쓰던 퀴네에(Kynee, 상대방에게 보이지 않게 되는 황금투구)를 깜빡 잊고 쓰지 않았다. 때마침 에뤽스 산 위에 있던 아프로디테(Aphorodite)와 에로스(Eros) 모자가 전차를 몰고 가는 하데스를 보게 된다. 아프로디테는 아들 에로스에게 하데스를 골탕 먹이기 위해 화살을 쏘도록 했다. 심심하던 차에 장난기가 발동한 에로스는 명계의 신 하데스에게 사랑의 화살을 쏘았다. 사랑의 화살에 맞은 하데스는 엔나 호수에서 놀고 있는 곡식의 여신 데메테르(Demeter)의 딸 페르세포네(Persephone)를 발견하였고, 그녀의 아름다움에 반해 자신의 명계로 강제 납치하였다.

▲ 페르세포네와 하데스 (지안 베르니니의 조각상)

하데스는 페르세포네를 즐겁게 해주려고 온갖 노력을 아끼지 않았지만 페르세포네는 땅 위에서 자신을 걱정하고 계실 어머니 데메테르를 생각하여 아무것도 먹지 않고 울기만 했다.

한편, 곡식의 여신 데메테르는 잃어버린 딸을 걱정하느라고 먹을 수도 잘 수도 없었다. 딸을 잃은 슬픔에만 빠져서 아무 일도 하지 않자 풀과 나무는 말라 죽어가고 곡식은 열매를 맺지 못했다. 땅은 점점 더 황폐해져 가고 자연히 많은 동물과 사람들도 굶어 죽게 되었다. 샘도 물이 마르자 갈증을 참지 못한 샘의 요정 아레투사는 페르세포네가 하데스에게 납치될 때 몸부림쳐서 풀어진 허리띠와 찢어진 치맛자락을 보여주며 납치된 사실을 알려 주었다. 하데스에게 납치된 것을 알게 된 데메테르는 제우스를 찾아가 페르세포네를 명계로부터 구해달라고 요청하였다.

제우스는 이 모든 사건의 전말을 알면서도 동생인 하데스를 결혼시키기 위해 모르는 척 했었다. 그러나 데메테르의 요청으로 제우스는 페르세포네가 명계에서 먹은 음식이 없을 경우에는 구할 수 있고, 그렇지 않은 경우에는 신들의 왕인 자신조차 구할 수 없다며, 전령 헤르메스(Hermes)를 명계에 보냈다.

명계로 내려간 헤르메스는 제우스의 뜻(페르세포네에게 음식을 먹여서 아내로 삼으라)을 전하고, 하데스에게 페르세포네의 반환을 요구했다. 하데스는 페르세포네에게 석류 하나를 내밀면서 집으로 돌려보내주겠다고 했다. 페르세포네는 기쁜 나머지 무심코 먹어서는 안 될 석류 한 알을 먹었다. 이로써 페르세포네는 명계의 신 하데스의 아내가 된 것이다.

그러나 페르세포네가 명계의 음식을 먹었음에도 불구하고, 데메테르의 요청이 너무나 강경하였기 때문에 제우스는 일 년 중 4분의 3은 지상에서 지내고, 나머지 4분의 1은 지하에서 지낼 수 있도록 중재 안을 내놓았다. 다행히 그것은 데메테르도 허락을 하였다. 이렇게 해서 페르세포네가 명계에 있는 동안은 초목 잎사귀가 모두 떨어지고 곡식도 자라지 않았지만 페르세포네가 돌아오면 데메테르 여신은 다시 대지에 생명을 불어넣고 은총을 베풀었다.

5. 파리스의 심판

미르미돈족의 왕 펠레우스(Peleus)와 '은빛 발'을 지닌 바다의 님프(Nymphe)* 테티스(Thetis)의 결혼식은 '불화의 여신' 에리스만 초청받지 못한 채, 사람들은 물론이고 올림포스의 신들까지도 참석할 정도로 성대하게 거행되었다. 잔치가 한창 무르익을 무렵 불청객인 에리스(Eris)가 불쑥 나타나서 연회장에다 황금사과 한 개를 집어 던지더니 아무 말 없이 사라졌다. 거기에는 '가장 아름다운 여신에게'라고 씌어 있었다.

아름다움으로는 결코 누구에게도 지지 않는 헤라(Hera)와 아테나(Athena)와 아프로디테(Aphrodite)는 제각기 그 사과를 자기가 차지해

* 그리스 신화에 나오는 요정(妖精)의 총칭

야 한다고 주장했다. 세 여신의 말다툼은 계속되었고, 결국 결혼식에 모인 손님들에게 그 사과가 누구의 것이 되어야 마땅한지 심판해 줄 것을 요청했다. 그러나 아무도 심판하기를 꺼려했다. 이유인 즉, 어느 한 여신의 편을 들어주면 다른 두 여신의 미움을 살 것이 뻔했기 때문이었다.

이 논쟁은 논쟁이 시작 되던 해 태어난 아기가 다 자라 청년이 될 때까지 계속되었다. 그러던 어느 날, 그 황금사과를 두고 여전히 자기의 것이라고 다투던 세 여신은 인간세상을 내려 보다가, 이데(Ide) 산기슭에서 양치는 목동을 보았다. 여신들은 그 목동이 파리스(Paris)라는 것을 한눈에 알아보았다.

파리스는 트로이아의 왕 브리아모스의 아들이다. 장차 국가에 커다란 재난을 가져올 사람이라는 신탁(神託)으로 인해 왕은 파리스가 태어나자마자 이데의 깊은 산으로 보냈다. 세 여신은 파리스가 자기들이 여신인 줄을 모르기 때문에 공정한 심판을 할 거라고 생각하여 황금사과를 주고 가장 아름다운 여자에게 황금사과를 주게 하였다. 세 여신들은 파리스로부터 황금사과를 받기 위해 제각기 환심을 사려고 애를 썼다.

헤라는 자기를 가장 아름다운 미녀로 선정해 주면 어마어마한 재물과 권력과 명예를 주겠노라고 약속했고, 아테나는 누구에게도 뒤지지 않는 뛰어난 지혜를, 아프로디테는 자기만큼 아름다운 미녀를 주겠다고 했다. 파리스는 아름다운 미녀를 주겠다는 말에 결정을 내리고, 황금사과를 아프로디테에게 주었다. 황금사과를 받지 못한 두 여신은 파리스와 아프로디테에게 앙심을 품게 되었다. 훗날 아프로디테는 약속을 지켜

파리스에게 인간 세상에서 가장 아름다운 여자 헬레네(Helene)를 짝지어 주는데, 이 때문에 트로이 전쟁이 터지고 파리스의 조국 트로이는 멸망하게 된다. 결국 신탁대로 된 것이다.

▲ 파리스의 심판 (피테르 파울 루벤스 作)

6. 아킬레우스

호메로스의 대서사시 『일리아드』의 주인공 아킬레우스. 그의 어머니는 바다의 여신 테티스이다. 제우스는 테티스를 사랑했지만 운명 때문에 결국 사랑을 이루지 못했다. 테티스는 아버지보다 더 훌륭한 아들을 낳을 운명이었기 때문이다. 결국 테티스는 인간인 펠레우스와 결혼하게 되었고 그 성대한 결혼식에 초대받지 못한 불화의 여신 에리스가 던진 '황금의 사과'는 트로이전쟁의 불씨가 되었다.

테티스는 아킬레우스가 태어나자 그를 불사신(不死身)으로 만들려고 스틱스 강물에 몸을 담갔는데, 이때 테티스가 손으로 잡고 있던 발뒤꿈치만은 물에 젖지 않아 강물의 세례를 받지 못하고, 치명적인 급소로 남고 말았다.

자라면서 아킬레우스는 켄타우로스 족의 현자인 케이론에게 맡겨지게 되었다. 케이론은 아킬레우스에게 빠르게 달리는 법을 가르쳐 아킬레우스는 인간 중에서 가장 빠른 사람이 되었다. 케이론은 또 그에게 전쟁기술이나 음악, 의술도 가르쳤다.

그 후 아킬레우스는 프티아로 돌아가 펠레우스의 궁정에 도피해 있던 약간 연상의 젊은이인 파트로클로스와 친구가 된다. 파트로클로스는 아킬레우스의 시종이 되기도 하고 애인이 되기도 했다. 아킬레우스는 또한 그곳에 도피해 있던 포에닉스로부터 정치와 외교에 대한 것을 배웠다.

트로이전쟁이 발발할 무렵, 테티스는 아들을 전쟁에 나가지 않도록 하려고 그를 여장(女裝)시켜 스키로스의 왕 리코메데스의 딸들 틈에 숨겼는데, 그가 없이는 트로이를 함락시킬 수 없다는 예언을 듣고 찾아온 오디세우스에게 발견되었다. 오디세우스가 여자 아이들이 좋아할 물건들 속에 무기를 섞어 놓았는데, 아킬레우스만은 사내라서 무기를 집음으로써 정체가 드러난 것이다.

아킬레우스는 여장을 하고 남의 눈을 속인 계획에 가담했던 것이 부끄러웠던지, 어머니를 무시하고 원정대에 가담하여 트로이를 향해 출발했다. 그는 그리스군의 총사령관 아가멤논에 충성을 바쳐야 할 이유도 없고 다른 사람들처럼 헬레네의 남편인 메넬라오스를 지키겠다는 맹세를 한 것도 아니었으나, 오직 자신의 용기에 대한 개인적 도전에 부응하

◀ 테티스의 간청 (장 오귀스트 도미니크 앵그르 作)

기 위해 싸움에 참가한 것이다.

트로이전쟁이 시작된 지 9년째, 트로이에 있는 아폴론 신전의 사제가 아가멤논이 몸종으로 데리고 있던 자신의 딸을 돌려 달라고 요청했는데, 총사령관 아가멤논은 이를 거절했다. 사제는 아폴론에게 기도를 올렸고 아폴론은 지체 없이 그리스 군영을 향하여 전염병의 화살을 날렸다. 전염병이 계속되면서 사람들이 죽자 아킬레우스가 나서서 아가멤논에게 사제에게 딸을 돌려주라고 요구하자, 심기가 상한 아가멤논은 아킬레우스가 사랑하던 여자를 빼앗아 버렸다.

아킬레우스는 자신을 무시한 대가를 치르게 해 주겠다면서 전쟁에서 물러나 버린다. 아킬레우스는 어머니인 바다의 여신 테티스에게 상처받은 마음을 호소하며 아가멤논에게 응징의 벌을 내려달라고 간청했다. 테티스가 제우스에게 날아올라가 아들의 호소를 눈물로써 전달하자, 아킬레우스를 아끼는 제우스는 그 순간부터 트로이와 그리스 사이의 저울을 트로이 쪽으로 기울게 한다.

아킬레우스가 물러난 한 달 사이, 그리스군은 붕괴의 위기에 놓였고, 그의 친구 파트로클로스(Patroklos)는 아킬레우스의 무장을 빌려 입고 나가 용감히 싸우지만 트로이군의 헥토르에게 죽고 만다. 헥토르는 파트로클로스가 입고 있던 아킬레우스의 갑옷을 빼앗았다. 사랑하는 친구의 죽음 앞에 아킬레우스는 오열하고, 어머니 앞에서 반드시 헥토르를 죽이겠다고 맹세한다.

그는 아가멤논과 화해하고 테티스가 헤파이스토스에게 부탁해서 만든 새로운 갑옷을 입고 맹렬하게 트로이군을 공격했다. 감히 아킬레우스의 분노와 복수심 앞에 대항할 자는 없었다. 친구를 잃은 아킬레우스는 헥토르에 대한 증오와 복수심이 끓어올랐다. 싸움터에 나와 미친 듯이 날뛰는 아킬레우스를 보고 트로이 병사들은 도망가기에 바빴으나, 헥토르만은 예언자 폴리다마스의 경고에도 불구하고 아킬레우스와의

▲ 트로이전쟁에서 가장 고결한 영웅으로 알려진 아킬레우스 (피테르 파울 루벤스 作)

대결을 피하려 하지 않았다.

이튿날 아킬레우스는 트로이 군사를 닥치는 대로 죽이고, 아테나 여신의 가호를 받으면서 헥토르를 찾았다. 헥토르는 트로이 성벽 근처에서 아킬레우스의 공격을 받고 죽는다. 헥토르는 숨을 거두면서 아킬레우스의 죽음도 멀지 않았다는 말을 유언처럼 남겼다.

아킬레우스는 헥토르의 발뒤꿈치에 구멍을 뚫고 가죽 끈으로 꿴 뒤, 전차로 끌면서 싸움터를 누볐다. 그는 자기 진영에 돌아오자 헥토르의 시체를 파트로클로스의 관 옆에 굴리고, 그 후에도 파트로클로스의 무덤 주위로 시체를 끌고 다녔다.

시체를 능욕하며 죽은 친구의 복수를 하고 넋을 위로하던 아킬레우스는 아들의 유해를 제발 돌려달라고 애원하는 트로이 왕과 어머니의 부탁으로 시체를 트로이군에 인도했다. 아킬레우스는 아폴론신의 도움을 받은 파리스의 화살을 맞고 숨을 거두는데, 파리스가 쏜 곳이 바로 아킬레우스의 유일한 약점이었던 발뒤꿈치였다.

그리스 신화의 철학적 사유

제6주제
올림포스 신들

1. 제우스(Zeus)

신들 중 최고의 지배자이다. '낮의 밝은 하늘'을 의미하며 천상을 지배하는 기상학적 현상인 비, 눈, 우박, 번개, 우뢰 등을 관장하는 신인 동시에 인간 사회의 정치, 법률, 도덕 등 모든 생활을 지배한다. 신들뿐 아니라 인간은 제우스를 주인으로 섬겼다. 그러므로 제우스는 왕이고 인간의 왕들은 그의 특별한 보호를 받고 있었다.

제우스는 크로노스와 레아 사이에서 태어났다. 크로노스는 자신의 자식 중에 자신을 누르고 왕위를 차지하는 자가 있다는 예언으로 인해 자식을 낳는 족족 삼켜버렸다고 전해지는데, 크로노스의 이러한 속성은 태어난 모든 것을 소멸시키는 시간 자체의 속성을 상징한다.

제우스의 6남매도 크로노스가 잡아먹었다가 이를 다시 토한 것으로 전해지는데, 이는 곧 제우스 6남매가 이로써 시간을 극복했다는 것을 의미한다. 어머니 레아의 도움으로 간신히 위험을 모면한 제우스는 그의 첫 번째 아내 메티스의 도움으로 아버지의 뱃속에서 놓여난 그의 형제자매와 함께 그들의 아버지인 크로노스와 그 형제인 티탄 신족들에게 반란을 일으켜 그들을 정복하고는 아버지 크로노스를 무한지옥에 가두어 버린다.

▲ 제우스 像 (로마 캐피톨리네 박물관 전시)

제우스의 무기는 천둥과 번개이고 대장간의 신 헤파이스토스가 그를 위해 만든 아이기스(aegis)*라는 방패도 가지고 있다. 제우스가 총애한 새는 독수리로, 이 새가 제우스의 번개를 지니고 있었다. 제우스는 천하의 바람둥이로 그가 건드린 여인들은 셀 수 없이 많았고 그 사이에서 태어난 아이들도 한둘이 아니다. 그런 남편을 가진 헤라는 늘 질투와 증오와 복수심속에서 애꿎은 많은 여인네들을 비운의 여주인공으로 만들곤 했다.

'제우스'라는 이름은 '창공의 빛'을 뜻하는 인도유럽어 '디우스'에서 온 것이라고 한다. 제우스의 로마이름 '유피테르'란 이름도 '디우스'와 아버지를 뜻하는 '파테르(pater)'를 결합한 것이라고 하니 곧 '아버지 제우스'라는 뜻인 셈이다.

제우스는 악보에 따라 지휘봉을 휘두르고, 단원들은 그의 지휘봉에 따라 북치고 트럼펫 불고 하프를 연주한다. 악보에는 개개인의 운명이

* 제우스의 '아이기스'는 벼락에 맞아도 부서지지 않았는데, 이것을 한번 흔들면 폭풍이 일어나고 사람의 마음속에 공포를 불어넣었다. 일설에 의하면 이것은 제우스를 길러낸 암염소 아말테이아의 가죽이라고 한다. 현대 해군의 군함 이지스함의 명칭은 제우스의 방패 아이기스에서 비롯된 것이다.

적혀 있으며, 단원들은 저마다 주어진 운명만큼만 연주를 하다 사라져 간다. 행여 지휘대로 움직여주지 않는 자에게는 지휘봉이 벼락으로 바뀌어 날아든다. 그러나 악보의 작성자, 즉 운명을 결정하는 이는 제우스가 아니라 전업 작곡가인 운명의 여신 모이라이(Moirai) 세 자매였다.

최고의 신인 제우스이건만 직접 운명을 작성할 능력은 없고, 오로지 모이라이가 만들어 바치는 대로 지휘봉을 휘두를 수밖에 없다. 제아무리 신들의 왕이라 해도 운명을 벗어나 멋대로 지휘할 능력이나 권리는 없다. 그래서 "제우스조차 정해진 운명은 피할 수 없다"*고 아이스킬로스(Aeschylos)**는 말했던 것이다. 제우스를 '구름을 모으는 자'라고 일컫는 것은 그가 구름을 모아 천둥을 치고 번개와 벼락을 내리쳤기 때문이다. 고대 그리스인이 언제 자기에게 벼락을 내릴지 모르는 지휘자를 탐탁하게 여겼을 리 없다.

그들은 제우스가 집행하는 운명이 때로는 너무도 부조리하다고 생각했지만, 그것을 현실로 받아들이고 용감하게 운명과 맞부딪쳤다. 현실을 가혹하고 변덕스런 것으로 생각하면서도 그것을 받아들이고 그 현실 속에서 최선을 다해 분투하는 것, 이것이 그리스 문명을 일으켜 세운 그리스인의 미덕이었다.

제우스의 연인들

제우스는 제일 먼저 지혜의 여신 메티스(Metis)와 관계를 맺는다. 메티스는 제우스를 피하기 위해 여러 짐승의 모습으로 변신하여 보지만

* 아이스킬로스의 비극 서사시 《포박된 프로메테우스》에 나오는 구절.

** 고대 그리스의 대 비극시인으로 모두 90편의 비극을 썼으며, 온 그리스에 명성을 떨쳤다. 현재는 《오레스테이아》, 《페르시아인》 등 7개의 비극이 남아있으며, 작품을 통해서 인간과 신의 정의가 일치한다는 것을 노래하였다.

끝내는 제우스의 끈질긴 구애에 몸을 맡긴다. 메티스가 임신한 사실을 알았을 때 제우스는 메티스가 이번에는 딸을 낳지만 다음에 낳을 아들은 자신의 왕좌를 빼앗을 것이라는 예언을 듣게 되었다.

불안해진 제우스는 메티스를 작게 만들어 삼켜버렸다. 메티스를 삼킴으로써 제우스는 운명의 공포로부터 벗어날 수 있었고 동시에 메티스의 지혜를 자기 것으로 만들게 되었다. 달이 차서 제우스의 머리를 뚫고 태어난 딸이 바로 '아테나(Athena)' 이다.

다음으로 제우스는 자연의 법과 질서의 여신인 테미스와 결합하여 계절의 여신 '호라이(Horai)' 세 자매와 운명의 여신 '모이라이(Moirai)' 세 자매를 낳는다. 호라이 여신들의 이름은 각기 '에우노미아(Eunomia, 질서)', '디케(Dike, 정의)', '에이레네(Eirene, 평화)' 이다. 이들은 모두 질서 정연한 자연의 힘을 의인화한 존재들이다. 이들은 올림포스에서 제우스를 도와 계절의 변화를 관장하였다.

운명의 여신인 모이라이 역시 세 명인데 '클로토(Klotho)' 는 생명의 실을 뽑아내고 '라케시스(Lachesis)' 는 운명을 나누어 주며 '아트로포스(Atropos)' 는 생명의 실을 끊는다. 이들 역시 제우스를 도와 사람들이 태어날 때부터 죽을 때까지의 운명을 관리한다.

이어서 제우스는 기억력의 여신인 '므네모쉬네(Mnemosyne)' 와 아흐레 동안 어울려 음악을 관장하는 아홉 명의 '무사이(Mousai)' 를 낳았다. 이들 무사이들은 올림포스에서 아폴론을 도와 음악을 연주한다. 악보가 없던 시대에 음악을 연주하는 일은 오직 기억력에 의존할 수밖에 없었다. 그러므로 기억력의 여신에게서 음악의 신들이 태어나게 된 것이다.

제우스는 또 오케아노스의 딸 '에우뤼노메(Eurynome, 두루 미치는 질서)' 와 관계를 맺어 우아(優雅)의 여신들인 카리테스(Charites) 세 자매, '아글라이아(Aglaia)' 와 '에우프로쉬네(Euphrosyne)', '탈리아(Thalia)' 를 낳았다. 이들은 올림포스에서 춤을 담당했다.

제우스는 그를 피하려고 암소로 변신한 누이 데메테르(Demeter)를 황소로 둔갑해 겁탈하기도 한다. 이들 사이에서 태어난 아이가 후에 지하세계의 여왕이 된 딸 '페르세포네' 이다. 고대인들은 지하에서 황소가 달릴 때 지진이 일어난다고 믿었다. 이 황소가 대지의 생명력을 상징하는 데메테르와 어울려 식물의 생명력을 뜻하는 페르세포네를 낳았다는 것은 참으로 당연하면서도 아름다운 비유이다.

2. 하데스(Hades)

'지하세계(冥界)의 왕' 하데스는 제우스나 포세이돈과 마찬가지로 크로노스와 레아 사이에서 태어났다. 그는 태어나자마자 아버지 크로노스에게 잡아먹힌다. 제우스에 의해 아버지 뱃속에서 다시 살아나온 하데스는 제우스 편에 서서 크로노스와 티탄 신족들을 상대로 싸운다.

이때 그는 키클롭스에게서 황금 투구 '퀴네에'를 무기로 받는다. 이 투구를 쓰면 남들의 눈에 보이지 않는다. 이 황금 투구는 아테나 여신이 즐겨 빌려 썼으며, 또 페르세우스가 메두사의 목을 자를 때에도 빌려 썼다. 전령의 신 헤르메스도 제우스의 전갈을 비밀리에 전할 때 이 투구를 빌리곤 했다.

티탄과의 전쟁에서 승리한 후, 크로노스의 세 아들이 제비뽑기를 했을 때 하데스는 지하세계를 맡게 되었다. 하데스는 자신의 지하 궁전에서 조용히 지내기를 좋아한다. 여간해서 지상에 나오거나 올림포스에 올라가지 않았다. 그가 지하세계 밖으로 나들이한 것은 꼭 두 번이다.

첫 번째는 데메테르의 딸 페르세포네를 납치하기 위해 '뉘시온(Nysion)' 평원에 나타났을 때이고, 두 번째는 헤라클레스의 공격을 받은 포세이돈의 쌍둥이 아들 페리클뤼메노스와 넬레우스를 도우러 퓔로스로 왔을 때이다. 이 전투에서 하데스는 헤라클레스의 화살에 어깨를 맞아 부상당한다. 하데스는 올림포스로 가서 신들의 의사인 파이에온(Paieon)에게 상처를 치료받는다.

▲ 하데스와 그의 무서운 번견(番犬) 케르베로스

3. 프로메테우스(Prometheus)

'먼저 생각하는 사람' 이라는 뜻을 가진 프로메테우스는, 제우스의 명령을 받아 흙을 빚어 인간을 비롯하여 각종 동물들을 만들었다. 프로메테우스는 인간에게 글쓰기, 셈하기, 가축 기르는 법, 집짓는 법, 배를 만들고 항해하는 법 등 인간들에게 많은 것을 가르쳐주었다.

한편 동생인 에피메테우스는 형이 만든 개체에다 털, 발톱, 가시 등 생존에 필요한 수단을 부여해 주었다. 그러나 모두 나누어주는 바람에 맨 나중에 남은 인간에게는 나누어 줄게 없었다. 이에 프로메테우스는 천상의 불을 훔쳐와 인간에게 나누어 주었다. 그 벌로 그는 제우스의 형벌을 받게 되었는데 오케아노스 강 끝 코카서스 지방의 카우카소스

(Caucasos)산 꼭대기에 쇠사슬에 묶여, 매일 독수리에 의해 간을 파 먹히는 형벌을 받게 된다. 그는 30여 년 동안 그 형벌을 받았으나, 간은 매일 다시 자라났기에 죽지 않았다. 제우스 역시 그를 죽일 수 없었던 이유는 자신의 왕위에 대한 비밀을 알고 있었기 때문이다.

제우스는 헤르메스(Hermes)를 그에게 보내 수차례 설득을 했지만 그는 굴복하지 않았다. 제우스는 이 고통을 끝내기 위해서는 두 가지 조건이 갖추어져야 할 것을 제안하게 된다. 첫째로, 신족이 그를 대신해서 죽어야 하고, 둘째 인간이 독수리를 죽이고 그를 구해내야 한다는 것이었다.

실현 불가능 한 것처럼 보였으나, 켄타우로스(Centaur)족의 카이론(Chiron)이 그를 대신해서 죽었고, 두 번째는 제우스 자신이 아들 헤라클레스(Herakles)를 보내 독수리를 죽이고 쇠사슬을 풀어주게 했다. 자신의 운명을 알고 싶어서 그랬을 것이다. 이로써 둘은 화해를 하게 되고, 프로메테우스는 제우스의 운명을 알려주게 된다.

▲ 제우스에게서 불을 훔치는 프로메테우스

4. 아르테미스(Artemis)

'달과 수렵의 여신' 아르테미스는 제우스와 레토사이에서 아폴론과 함께 쌍둥이로 태어났다.

아르테미스는 들짐승, 가축을 보호하는 처녀 신으로서 여성을 수호하고 달, 수렵의 여신. 처녀성과 순결을 지키는 정결의 신이었다. 헤라가 신성한 결혼을 지켜주는 여신인 반면에 깔끔하되, 잔인할 정도로 깔끔한 아르테미스는 결혼을 시기하고 경우에 따라서는 출산을 방해하기까지 한다. 달의 여신이기도 한 이 여신은 초승달이나 그믐달처럼 매몰찬 여신이기도 하다.

잔인할 정도로 정갈한 성격의 소유자인 이 여신은 그가 아끼던 칼리스토가 임신을 했다는 이유로 내치고, 단지 고의도 아닌 실수로 자신의 알몸을 보았다는 이유로 악타이온을 사냥개에게 물려 죽게 만들었다.

▲ 목욕중인 아르테미스를 본 악타이온 (티티안 作)

5. 헤라(Hera)

헤라는 그리스 신화에서 최고의 여신으로 주신 제우스의 누이이자 아내이다. 결혼과 가정의 여신으로 숭배 받았다. 로마 신화에서는 유피테르의 반려자인 유노에 해당된다. 서양에서 6월은 결혼의 계절이며 6월을 June이라고 하거니와, 이것은 결혼의 여신 유노(Juno)* 에서 유래한 것이다. '결혼의 여신' 이며 '질투의 화신' 인 헤라는 제우스의 누이이자 아내인 동시에, 신성한 결혼과 그로부터 성립하는 가정을 수호하는 신이다. 무지개의 여신 이리스는 헤라의 시녀이자 심부름꾼이며 헤라가 총애하는 새는 공작이다.

결혼의 순결성을 상징함인지 그녀는 해마다 지하 세계의 입구인 스틱

* 영어로는 주노(Juno).

▲ 헤라 (모로 作)

스 강에서 목욕을 하고 처녀성을 회복하곤 했다. 그러나 정작 헤라 자신의 결혼 생활은 그리 순탄치 않았다. 헤라의 남편 제우스는 소문난 바람둥이였다. 그는 헤라 이전에도 많은 여신과 관계를 맺었고, 헤라와 정식 가약을 맺은 이후로도 무수히 많은 여신, 그리고 인간과도 관계를 맺는다. 결혼의 여신인 헤라가 자기 자신의 결혼 생활에 흠집을 내는 이러한 불륜을 그냥 내버려둘 리 없었다. 제우스와 관계만 맺었다 하면 그 여인이든 여인의 자식이든 헤라에게 모진 고초를 당해야만 했다.

이오는 헤라의 질투에 쫓겨 그리스에서 이집트까지 가야 했으며, 제우스의 사생아 헤라클레스는 평생을 모진 고통 속에 보내야만 했다. 질투의 화신 헤라는 오늘날의 우리들에게는 매우 친숙한 여인상이기도 하다. 그러나 모계제에서 부계제로 이행하고 있던 초기 그리스 사회에서는 매우 낯선 성격의 소유자로 비쳐졌을 것이다. 그래서 당시 모계제가 여전히 존속되었던 사회에서 헤라처럼 한 남편을 자기 곁에 붙들어 두기 위해 그렇게 애를 태우는 여인상이 존재하기는 어려웠을 것이라는 점이다.

헤라가 제우스와 결혼을 하고, 제우스를 가장으로 하는 올림포스 가족이 탄생한 것은, 아버지를 중심으로 하는 부계제 가족제도가 이때에 이미 정착되어 있었음을 알려준다. 헤라도 본래는 모계사회가 섬기는 '가슴 넓은' 지모신(地母神)이었다고 한다. 그러나 모든 신과 인간의 아버지인 제우스와 결혼한 뒤의 헤라는 가정의 평화를 위해 남편의 외도를 단속하는 질투의 화신으로 둔갑하고 만 것이다.

6. 아프로디테(Aphrodite)

'사랑과 미' 그리고 '풍요의 여신' 인 아프로디테 *는 제우스와 디오네의 딸 또는 바다의 거품 속에서 태어났다고도 한다. 크로노스가 아버지 우라노스의 남근을 절단하여 바다에 던지자 남근 주위에 거품이 모여 여신이 나타났다고 한다. 애욕의 여신이기도 하며 '가장 아름다운 여성에게' 라고 쓰인 황금사과를 받은 가장 아름다운 여신이다.

▲ 아프로디테의 탄생 (윌리엄 아돌프 부게로 作)

* 호메로스에서는 아프로디테가 제우스와 바다의 정령(精靈) 디오네의 딸로 되어 있는데, 헤시오도스에서는 우라노스와 그의 아들 크로노스와의 싸움에서 비롯된 것으로 되어 있다. 즉, 크로노스는 어머니 가이아의 음부 속에 숨어 있다가 아버지의 남근을 낫으로 잘라 바다에 던졌다. 이렇게 하여 바다를 떠다니는 남근 주위에 하얀 거품(아프로스)이 모이고, 그 거품 속에서 아름다운 처녀가 생겨났다.

그녀가 서풍에 떠밀려 물결을 따라 키프로스 섬에 도착하자 계절의 여신들이 그녀를 영접하며, 아름다운 옷을 입히고 신들이 모인 궁전으로 인도하였다. 아프로디테의 아름다움에 매혹된 신들은 저마다 그녀를 아내로 삼기를 원했으나 제우스는 추한 용모를 지녔지만 근면한 헤파이스토스와 관계를 맺어 주었다. 여신 가운데 가장 아름다운 여신이 가장 못생긴 남신의 아내가 된 셈이다. 아프로디테에게는 자신이 사랑하고픈 그 누구와의 사랑도 이루어주는 마법의 허리띠 케스토스히마스가 있었다. 그녀가 총애한 새는 백조와 비둘기였고, 그녀에게 바쳐진 꽃은 장미였다.

▲ 아프로디테와 아도니스 (카라치 作)

아도니스와의 비련의 사랑이야기도 그녀로부터 비롯된다. 미의 여신 아프로디테는 소아시아 키프로스에서 어린 소년 아도니스의 모습을 본 뒤 그만 한눈에 반해 이 아이를 몰래 명계의 여왕 페르세포네에게 맡겨 두었다. 그러나 페르세포네 역시 아도니스를 사모하게 되어 이 아이를 아프로디테에게 돌려주지 않겠다고 우기게 된다.

두 여신 간의 실랑이는 제우스의 중재에 의해 아도니스로 하여금 해마다 1년 중 3분의 1은 지상에서 아프로디테와 함께 지내고, 3분의 1은 명계에서 페르세포네 여신과 함께 지내며, 나머지 3분의 1은 자기가 원하는 곳에서 지내도록 허락하였다고 한다.

그러나 아도니스는 아프로디테를 더 좋아하여 1년 중 3분의 2를 그녀와 함께 지냈다. 그러자 질투에 눈이 먼 페르세포네가 아프로디테의 정부인 아레스에게 이 사실을 일러바쳤고, 아레스는 멧돼지를 보내 청년 아도니스를 물어죽게 했다. 아도니스의 선혈 위에 피어오른 꽃 아네모네는 그리스말로 '바람'을 뜻하는 아네모스(anemos)에서 온 것이다. 바람이 불면 피어올랐다가 다시 바람이 불면 지는 허무한 '바람꽃' 아네모네가 짧았던 아프로디테와 아도니스의 사랑을 잘 표현해주고 있다.

7. 데메테르(Demeter)

'대지(大地)의 여신' 데메테르*는 크로노스와 레아의 딸로, 농업을 주재했다. '데메테르'는 땅(de)의 어머니(meter)라는 뜻이다. 데메테르에게는 제우스와의 사이에서 태어난 어여쁜 딸 페르세포네가 있다. 데메테르는 이 아이를 세상에서 가장 잘난 신에게 시집보내겠다고 생각하여 애지중지 키웠다.

그런데 어느 날, 페르세포네에 반한 타르타로스**의 왕 하데스가 이 아이를 납치하는 데서 '데메테르 찬가'(기원전 7세기 무렵)라는 장시(長詩)가 시작된다. 하데스는 제우스의 맏형으로서 티탄과의 전쟁에 함께 참여하였다가 타르타로스를 확보하게 된다. 그런데 그는 천신의 대열에

* 이 여신의 로마 이름은 '케레스(Ceres)', 영어식으로 발음하면 '시어리스'다. 미국인들은 거의 매일, 요즘 우리 어린이들도 곧잘 우유에다 타먹는 '시리얼(Cereal)'은 '케레스의 선물'이라는 뜻이다. 미국 최대의 켈로그 시리얼 공장이 있는 미시간주 남단 도시 배틀크리크의 별칭은 그래서 '아메리카 보리죽 사발(American Cereal Bowl)'이다. 데메테르에게는, 사경을 헤매며 딸을 찾아다니다 보리죽 한 사발 얻어먹고 허기를 면한 눈물겨운 사연이 있다.

** 지하의 명계(冥界) 가장 밑에 있는 나락(奈落)의 세계를 의미하며 지상에서 타르타로스까지의 깊이는 하늘과 땅과의 거리와 맞먹는다고 한다. 주신(主神) 제우스의 노여움을 산 티탄신(神) 일족이나, 대죄를 저지른 탄탈로스, 시시포스, 익시온 등과 같이 신을 모독하거나 반역한 인간들도 이곳에 떨어졌다고 한다.

▲ 대지와 곡물의 여신 데메테르 (피테르 파울 루벤스 作)

서 탈락하고, 올림포스의 열두 신 대열에도 끼지 못하게 된다.

하데스는 죽은 자를 지하세계로 끌어들이는 염라대왕과 같은 신이고 데메테르는 대지에서 생명을 키워내는 은혜로운 신이니 둘은 상극인 셈이다. 그러나 죽은 것이 땅속으로 들어가 새 생명의 싹을 틔우는 과정에서 두 신은 필연적으로 만나지 않을 수 없었다. 두 신의 연결고리가 바로 페르세포네였던 것이다.

데메테르는 딸아이를 되찾으려 했고, 하데스는 영원히 자기 곁에 놓아두려 했다. 제우스는 페르세포네가 지하에서 만일 아무 것도 먹지 않았다면 지상으로 불러올 수 있다고 했지만, 하데스는 이미 페르세포네를 꼬드겨 맛있는 석류의 속살을 먹인 뒤였다. 제우스는 할 수 없이 하데스에게 절충안을 내놓았다.

페르세포네를 1년 중 일정한 기간만 데리고 있고, 나머지 기간에는 제어미와 함께 있도록 하라는 것이었다. 하데스가 이 제안을 받아들이게 되고, 결국 페르세포네는 한 겨울을 하데스와 함께 난 뒤, 돌아오는 봄에 어머니의 품에 안겨 부활의 기쁨을 노래하였다고 한다.

페르세포네는 요컨대 대지에 뿌려진 씨앗의 신격화이다. 어머니 데메테르의 분신으로 대지의 품 속 깊숙이 안겨 들어갔다가 대지의 은밀한 힘으로 싹을 내어 햇볕과 비의 덕으로 열매를 맺는 것이 그녀의 죽음과 부활이라는 신화로 나타나게 된 것이다.

8. 헤파이스토스(Hephaestus)

'불구의 신체', '숭고한 예술혼', '천상의 명공'으로 대변되는 헤파이스토스는 제우스와 헤라 사이에서 태어난 아들이다. 그는 태어나면서부터 절름발이였다. 그렇기 때문에 어머니 헤라는 그 추한 꼴을 보기 싫어 무정하게 그를 천상에서 내쫓아 버렸다. 일설에 의하면 제우스와 헤라가 부부싸움을 했을 때, 헤파이스토스가 그의 어머니 편을 들었으므로 화가 난 제우스가 그를 차버려 천상에서 떨어져 절름발이가 되었다고도 한다.

그는 하루 종일 추락하다가 마침내 렘노스 섬에 떨어졌는데, 그 후 이 섬은 헤파이스토스의 성지가 되었다. 이탈리아에 가면 베스비우스 화산

▲ 헤파이스토스 像

이 있다. 서기 1세기 초, 폼페이를 잿더미로 만들어버린 폭발로 유명한 이 산은 지금도 활동 중인 활화산이다. 이 산의 분화구 밑은 불칸(Vulcan)이라는 신이 웃통을 벗어부친 채 시뻘건 쇠망치를 내리치고 있는 대장간이라고 한다. 화산을 뜻하는 볼케이노(volcano)의 어원이 된 이 로마의 신은 그리스의 헤파이스토스를 수입한 것이다.

헤파이스토스는 제우스의 번개와 벼락을 제공하는 키클롭스를 조수로 삼아 금속을 벼리던 대장장이의 신이었다. 올림포스의 신들에게 하나씩 주어진 아름다운 궁전들은 모두 헤파이스토스의 작품이었다.

헤파이스토스는 한 때, 미의 여신 아프로디테와 결혼생활을 한 적도 있었다. 그러나 이 천상의 명궁은 천만 뜻밖에도 지독한 추남에다가 절름발이였다. 그의 외모와 그가 만들어내는 예술품 사이의 부조화는 인상적이다. 그러나 더욱 인상적인 것은 이런 불구의 대장장이를 그리스인들은 위대한 신으로 떠받들었다는 것이다.

수천 년의 시간을 사이에 두고도 우리에게 감동을 주는 그리스의 예술은 지저분한 작업장에서 천한 차림새의 예인들이 장구한 각고 끝에 이루어낸 것이었다. 그들은 불구였기 때문에 묵묵히 힘든 일을 했을 수도 있고, 힘든 일을 하다가 불구가 되었을 수도 있다. 그리스인은 그들의 손으로 빚어진 아름다운 예술품만을 감상할 줄 알았던 게 아니라, 그들의 작업에 녹아든 신성한 예술혼에 경의를 표시할 줄도 알았던 것이다.

▲ 헤파이스토스를 모시는 신전

9. 포세이돈(Poseidon)

'바다의 신' 포세이돈은 제우스의 형제이며 제우스, 하데스와 함께 세계를 삼등분하여 바다를 지배하였다. 포세이돈의 신전은 에우보이아 섬 아이가이 해(海)의 바다 밑에 있으며, 그는 그곳에서 청동 발굽과 황금 갈기를 가진 말을 기르며, 삼지창을 가지고 바다를 성나게 하거나 진정시킨다.

▲ 포세이돈 像

그는 말(馬)과 관계가 깊은데, 말을 창조하고 인간에게 마술(馬術)을 가르쳤으며, 경마(競馬)를 시작하고, 여신 데메테르에게 접근하기 위해 자신도 말의 모습으로 둔갑했다고 하며, 말의 수호신으로 여겨져 포세이돈의 제사에서는 으레 경마나 전차 경주가 행해졌다.

그의 아내는 바다의 노신, 네레우스의 딸 암피트리테(Amphitrite, '아우성치다' 라는 뜻)이다. 그녀와의 사이에서 태어난 것이 하반신은 물고기, 상반신은 인간인 트리톤이다. 그 밖에도 포세이돈은 많은 여성들(멜라니페, 알로페 등)과 관계를 맺는다. 후에 테바이* 이야기의 중심이 되는 사람들의 근원은 포세이돈과 관련이 깊다.

포세이돈의 자녀 중에는 기괴한 괴물의 모습들이 많았는데, 항해 도중 오디세우스의 동료를 삼켜버린 외눈박이 거인 폴리페모스와 메두사와의 사이에서 난 페가소스와 크리사오르도 포세이돈의 자녀들이다.

그 외에도 라모스, 케르키온, 오리온 등 포세이돈의 혈통엔 난폭한 괴물들을 많이 볼 수 있다.

▲ 그리스 수니온 곶에 세워진 포세이돈 신전

* 테바이는 보이오티아의 도시 국가(폴리스)로, 보이오티아와 아티케 지방을 가르는 키타이론 산맥의 북쪽에 자리 잡고 있었으며, 보이오티아 평원의 남쪽 끄트머리를 이룬 곳이다. 이 도시는 그리스 신화에서 중요한 배경으로 카드모스, 오이디푸스, 디오뉘소스 등의 이야기가 전해진다.

10. 아테나(Athena)

'전쟁과 지혜의 여신' 아테나는 제우스의 딸로서 전쟁과 여러 가지 기예의 수호신이다. 또한 도시의 수호신으로서 그리스 여러 도시에 그녀의 신전이 있다. 제우스의 머리에서 무장한 채 태어난 처녀신으로, 남성적인 행동을 즐겼으며 지혜를 나타내는 올빼미와 항상 함께 다녔다.

▲ 투구를 쓴 아테나 여신의 두상

처녀신 아테나의 옆에는 올빼미가 있다. 대지를 환하게 비추던 아폴론의 태양이 서쪽 하늘로 넘어가면 이 올빼미가 부리부리한 눈을 반짝이며 날아오른다. 황혼녘은 반성과 사색의 시간이다. 낮 시간 동안의 애환과 흥분과 격정을 뒤돌아보며 하루를 정리하고 더 나은 미래를 준비할 때이다. 올빼미가 우리의 주변을 맴돌 때면 그 혼란스럽던 하루의 역사가 서서히 정리된 모습으로 나타나기 시작한다.

이 여신의 탄생 신화는 그리스인의 기발한 상상력에서 비롯된 것으로 '지혜의 신' 이라는 그녀의 특징을 잘 뒷받침해주고 있다. 이 여신은 제우스와 '지혜' 를 뜻하는 여신 메티스의 딸이었다. 그런데 어느 날, 정의의 여신 테미스가 예언하기를 메티스가 제우스와의 사이에서 아들을 낳으면 이 아이가 장차 제우스를 밀어내고 신들의 왕이 될 것이라고 하였다. 이에 제우스는 그 옛날 자기 자식을 먹어치웠던 크로노스보다 한술 더 떠 아예 메티스를 통째로 집어 삼키게 된다.

메티스가 임신을 한때로부터 열 달이 되어 오자 제우스는 갑자기 머리가 터져나갈 것 같은 통증을 느꼈다. 참을 수 없게 된 제우스는 헤파이스토스에게 부탁을 하여 도끼로 자기 머리를 내리쳐 줄 것을 요청했다. 헤파이스토스는 명령에 따라 즉시 도끼를 휘둘러 제우스의 정수리를 쪼개자 거기서 갑옷으로 완전 무장을 하고 창과 방패를 든 아테나가 튀어나오게 된다.

지혜의 여신 아테나가 주신(主神) 제우스의 머리에서 태어난 것과 그녀의 완전 무장은 무엇을 의미하는 것일까? 고대 그리스인은 탁월한 지혜를 발휘하여 보기 드문 문명을 일구었지만, 한편으로 이들은 눈만 뜨면 전쟁의 망령에 시달렸다. 그들에게 지혜의 산물인 문명은 전쟁의 참화로부터 보호라고 하는 차원에서 이해할 수 있을 것이다. 아테나는 지

▲ 그리스 린도스에 있는 아테나 신전

혜의 여신인 동시에 수호신이었던 것이다.

처녀 아테나는 여러 도시의 수호신으로 숭배되었다. 심지어 호메로스는 『일리아드』에서 그리스가 아닌 트로이에도 그녀의 상이 우뚝 서서 그리스 군의 공격을 막아주었다고 말하고 있다. 그러나 아테나라는 그녀의 이름에서 알 수 있듯이 아테나가 가장 애착을 가지고 지켜준 도시는 고대 그리스의 여러 도시국가 가운데서도 가장 빛나는 별 아테네였다. 전설에 따르면, 아테나는 포세이돈과 아테네 시의 수호신 자리를 놓고 경쟁을 벌여 승리했다고 한다. 또 아테네의 왕족이 아테나의 후손이라는 전설도 전해진다.

헤파이스토스가 아테나를 흠모하여 어느 날 그녀를 범했는데, 이를 아테나가 뿌리치는 바람에 그녀의 허벅지에 사정을 하게 된다. 아테나가 그 정액을 닦아내 대지에 뿌리자 그만 대지 가이아가 수태를 하게 되었고, 그렇게 해서 태어난 자식이 아테네의 전설적인 시조 에릭토니오스라는 것이다. 이런 이야기를 접어두고도 지혜의 여신 아테나와 고대 그리스 문명의 중심 아테네의 결합은 아주 잘 들어맞는 듯하다.

11. 아폴론(Apollon)

'태양의 신' 아폴론은 제우스와 레토 사이에서 아르테미스와 쌍둥이로 태어났다. 그는 언제나 건장하고 잘생긴 청년상으로 묘사되고 있다. 아폴론은 '지성과 문화'로 대변되는 그리스인의 밝은 측면을 대표하고 있으며 기원전 5세기부터는 태양의 신 헬리오스와 동일시되었다.

사실 우리가 익히 들어 알고 있는 소크라테스의 "너 자신을 알라."라는 금언은 이미 고대 그리스 델포이의 아폴론 신전(神殿) 현관 기둥에 새겨져 있던 문구이다. 솔론을 비롯한 고대 그리스의 7현인이 봉헌한 것이라고 한다. 델포이는 과거 신화의 중심이었을 뿐만 아니라, 이후 철학의 산실이기도 했다. 그렇다면 근거도 없는 말을 중얼거리는 신탁의 신 아

▲ 아폴론과 님프들

폴론이 신화의 주인공으로만 그치지 않고 철학자들에게도 존경받은 까닭은 무엇일까?

신탁이란 예언이다. 신화가 현실을 지배하던 시대에는 현실을 진단하여 앞일을 가늠하는 일을 신탁소의 예언자가 담당했다. 하지만 이성이 발달하지 않은 이 시대에 예언자는 예측은 하되 그 예측의 이유를 논리적으로 설명할 능력은 없었다. 그러다가 인간의 이성이 발달하면서 예측의 근거를 설명할 필요가 생겨나자, 사람들은 신탁의 신 아폴론에게 그런 힘이 있다고 생각하게 되었을 것이다. 이처럼 신이 가졌으리라 믿어진 '예측의 설득력'을 그리스인은 늘 갈구하였다. 그러한 갈증을 잘 나타내주는 신화가 한 가지 있다.

아폴론은 트로이의 공주 카산드라를 사랑하였다. 그러나 이 아름다운 공주는 아폴론과 같은 지체 높은 신이 언젠가는 자기를 버릴 것이라고 생각하여 그의 구애를 거절하였다. 화가 난 아폴론은 카산드라에게 선사했던 예언력에서 설득력을 빼앗아버렸다.

▲ 비운의 예언자 카산드라 (클링거 作)

트로이 전쟁이 그리스 군의 승리로 끝나자, 카산드라는 그리스 군 총사령관 아가멤논의 첩으로 배당되어 끌려가는 신세가 된다. 아가멤논의 나라 미케네에 도착한 카산드라는 신에게 받은 능력을 발휘하여 아가멤논과 자신에게 닥치는 죽음의 냄새를 맡을 수 있었다. 그러나 서글프게도 그녀는 자신의 예측을 다른 사람들에게 설득할 능력이 전혀 없었던 것이다. 사람들의 웃음거리가 된 채 미케네 궁전으로 따라 들어간 그녀는 아가멤논과 더불어 황천의 객이 된다.

현실의 흐름에 이성의 빛을 쪼여 조리 있게 해석해내고자 하는 철학자들은 결국 아폴론에게 있으리라 여겨진 능력을 인간 안에 실현하고 있는 셈이다. 그렇다면, 솔론과 소크라테스가 아폴론을 섬기고 그의 권위를 빌어 자신의 주장을 정당화하고자 한 것도 수긍이 가는 일이다.

아폴론은 어둡고 혼란스러운 미토스(신화)에 밝고 조리 있는 로고스(논리)의 빛을 쬐어 진리로 이끄는 힘이라 할 수 있겠다. 그리스 정신이 카오스(혼돈)로부터 질서 잡힌 코스모스로 나아가는 것이라고 한다면, 우리는 아폴론을 올림포스 신들 가운데 가장 그리스적인 신으로 여기는 데 주저할 이유가 없다.

12. 헤르메스(Hermes)

'전령의 신', '상업의 신', '도둑의 신' 헤르메스는 제우스와 거인 아틀라스의 딸 마이아 사이에서 태어났다. 헤르메스는 태어난 지 얼마 안 되어서부터 요람에서 빠져나와 아폴론 신의 소를 훔쳤는데, 이때 뒤를 밟히지 않도록 소의 꼬리를 끌고 뒷걸음질을 치게 할 정도의 지혜를 발휘했다고 한다.

또한 갓난아기이면서 거북을 잡자 그 귀갑(龜甲)에 양의 창자로 현(弦)을 매어서 하프를 발명했다. 그 음색의 아름다움에 감동한 아폴론은 하프를 얻는 대신 자기의 소를 훔친 것을 용서했다고 한다. 그가 맡은 부문은 상업적인 장사와 레슬링 및 그 밖의 운동경기, 나아가서는 도둑질에까지 미쳤으니, 말하자면 고난도의 훈련과 민첩함을 요하는 일체의 것이었다.

헤르메스는 성인이 되면서부터 제우스를 비롯한 신들의 의사를 전달하는 사자로서 활약하였으며, 사자(死者)를 저승으로 안내하는 역할도 맡아 '영혼의 인도자'라는 의미의 '사이코포모스'라는 별칭을 가지고 있다. 그는 페타소스라는 날개가 달린 넓은 차양의 모자를 쓰고, 발에도 날개가 달린 샌들을 신었으며, 손에는 두 마리의 뱀이 몸을 감고 있는 케리케이온이라는 지팡이를 지니고 있었다.

▲ 헤르메스 像*

헤르메스는 본래 여행자의 신이었다. 그 이름은 그리스의 마을 어귀마다 놓여 있어서 나그네의 안내역을 했던 돌을 뜻하던 것이라고 한다. 심지어 이승을 하직한 나그네를 황천길로 안내하는 저승사자의 역할을 하기도 했다. 그리스 사회가 팽창하면서 장사하는 사람들이 늘어나자 나그네의 신인 헤르메스는 장사꾼의 수호신까지 맡게 되었다. 헤르메스는 로마에서 머큐리(Mercury)라고 불리었는데, 영어로 상인을 의미하는 '머천트(merchant)'는 바로 여기에서 유래한 것이다.

그런데 예로부터 뻔한 거짓말 중의 하나로 "장사꾼이 손해보고 물건

* 기원전 330년 그리스의 조각가 프락시텔레의 작품으로 왼팔에는 아기 디오니소스를 안고 있다.

을 판다."라는 말이 있듯이 헤르메스가 돌보는 장사치들이란 남이 공들여 만든 물건을 헐값에 사서 비싸게 팔아먹는 일을 업으로 한다. 어떤 경우는 다른 고장에까지 가서 사람과 물건을 약탈하여 다른 고장에 팔아먹기까지 했다. 그러니 자기가 쓸 물건만 만들어 자급자족하던 사회의 사람들로서는 장사꾼과 도둑놈을 구별하기가 여간 어려운 일이 아니었다. 그리하여 헤르메스는 마침내 도둑놈의 수호신이 되었던 것이다. 헤르메스는 올림포스의 열두신 가운데 가장 어리고 또 가장 세련된 외관을 갖추었다.

13. 아레스(Ares)

'전쟁의 신' 아레스는 제우스와 헤라의 아들로 태어났다. 아레스는 휘하에 공포와 전율을 이끌고 다니면서 나라 간, 사람 간을 이간질시켜 서로 다투게 만드는 신이었다.

냉철한 이성의 소유자인 아폴론을 이상적인 남성상으로 여길 수 있다면, 아레스의 경우는 남자이면서도 결코 정의롭거나 용감하지 못한, 그래서 닥치는 대로 싸움을 거는 존재로 묘사된다는 점에서 남성의 부정적인 측면을 드러내고 있다. 또한 같은 전쟁의 신이면서도 정의로운 전쟁만 관장하는 처녀신 아테나와도 이런 점에서 상반된다.

싸움을 일삼는 아레스는 그리스 신화가 기록한 최초의 살인 재판에서

▲ '전쟁의 신' 아레스 像

피고로 등장하기도 한다. 고대 아테네의 아크로폴리스 옆에는 아레이오파고스라는 언덕이 있었는데, 그 이름은 '아레스의 언덕'이란 뜻이다. 이곳에서 아레스에 대한 재판이 거행되었다는 신화에서 유래한 이름이다. 아레스는 아테나가 재판장으로 나선 이 재판에서 증거불충분을 이유로 무죄 방면되었다고 한다.

아레스는 인간사회 내부에 화해하기 어려운 갈등과 적대감이 생겨났다는 것을 반영하는 신이다. 또, 그로 인해 고대 국가 아테네에 재판소가 생겼다는 신화는 그러한 갈등과 적대를 인위적으로 해소 하지 않고는 사회가 더 이상 지탱할 수 없게 되었음을 반영하기도 한다. 호메로스의 오디세이아에 나오는 아레스의 이야기를 살펴보자.

'대장장이 신' 헤파이스토스는 못생겼고 절름발이지만 아름다운 물건을 만드는 재주 탓인지 제우스로부터 예쁜 아내를 점지 받았다. 지나가는 곳마다 남성들의 가슴속에 뜨거운 바람을 불어넣는 '미의 여신' 아프로디테가 그의 아내였다. 그러나 헤파이스토스가 그녀의 넘치는 욕망을 채워주지 못해서인지 아프로디테는 일찍부터 바람이 났는데, 상대는 전쟁의 신 아레스였다.

예로부터 미인은 이런 거친 남자에게 매력을 느끼는가 보다. 남편이 일 나간 사이 아레스를 침대로 끌어들여 노닥거리는 아프로디테의 모습을 보다 못한 태양신 헬리오스(Helios)가 헤파이스토스에게 부인의 간통을 일러바친 것이다.

천상의 명공 헤파이스토스는 불면의 밤을 지 샌 다음, 부정한 체취로

▲ 망신당하는 아프로디테와 아레스

얼룩진 침대 위에 눈에는 보이지 않는 그물을 만들어 걸어놓았다. 이것도 모르고 또 그 침대 위에서 뒹굴던 바람둥이 남녀는 벌거벗은 몸이 뒤엉킨 채, 헤파이스토스의 그물에 대롱대롱 매달리는 신세가 되었다.

헤파이스토스는 아우인 신들의 전령 헤르메스를 보내 올림포스의 신들에게 이 광경을 구경하러 오라고 일렀고, 급기야 신들이 구름처럼 몰려와 박장대소하는 웃음소리가 하늘을 울렸다고 한다. 그런데 헤르메스는 형님인 아폴론과 함께 아프로디테의 황홀한 나신을 내려다보며 이렇게 지껄였다고 한다. "저런 미인이라면 나도 아레스처럼 해봤으면 더 바랄 게 없겠다."

이것은 올림포스의 신들이 인간과 별반 다름없는 생활감정을 가졌으며, 인간에 비할 수 없이 자유분방했음을 희화적으로 보여주는 장면이다. 그런데 여기에 등장하는 아레스와 헤르메스, 헤파이스토스는 다른 신들과는 조금 다르다. 그들의 특징은 한 마디로 말해서 깡패, 도둑놈, 병신이다. 이런 존재들이 어떻게 신격화될 수 있었을까? 그 이유를 발견해 나가는 과정에서 우리는 그리스 신화만이 갖는 독특한 측면을 엿볼 수 있다.

14. 에로스(Eros)

'사랑의 신' 에로스(큐피드)는 아프로디테(비너스)의 아들로, 항상 그녀와 같이 다닌다. 12신에 포함되지는 않지만 그가 신화에서 차지하는 역할은 매우 크다. 그의 특징은 사랑을 일으키는 화살과 활을 가지고 다니면서 항상 날개달린 어린모습으로 묘사된다.

에로스는 보통 화살통을 맨 날개달린 아기로 보편화되어 있으며, 아프로디테의 근처에는 항상 에로스가 따라다닌다. 에로스의 화살은 두 종류이다. 이중 화살촉이 황금인 화살에 맞은 사람은 불타는 사랑의 마음을, 화살촉이 납인 화살에 맞은 사람은 차갑고 냉담한 마음을 갖게 된다.

▲ 아프로디테와 에로스 (윌리엄 부궤로 作)

그리스 신화의 철학적 사유

제7주제

'신화'에 대한 심리학적 접근

1. 신화에 대한 심리학적 해석

신화는 그 특성이 너무나 다양하고 광범위한 영역을 포함하고 있기 때문에 사실 모든 신화를 총체적으로 설명해주는 단 하나의 이론이란 있을 수 없다. 신화는 전해 내려오는 동안 역사적 · 사회적 배경에 따라 상응하는 변화를 겪게 되며 또한 그 이야기를 하는 사람이나 듣는 사람의 특성에 따라 의미와 기능이 변하게 된다.

이와 같이 신화는 다양한 강조와 여러 층의 의미를 지닐 수 있기 때문에 신화를 접하는 개인 각자가 나름대로의 신화적 가치를 규명할 수 있다. 이는 곧, 어떠한 이론적 설명이 생산적인 것이라 하더라도 다른 해석 또한 가능하다는 것이다. 인간의 행동이 하나 이상의 동기를 갖듯이, 인간들과 그들의 삶에 관한 이야기도 여러 가지 양상과 함축을 지니게 되며, 이것이 신화에 대해 많은 이론들이 제기될 수 있는 이유이다. 따라서 신화는 인간과 그가 속해 있는 사회의 다양한 측면에서 해석이 가능하다.

신화에 대한 심리학적 해석은 무엇이고 또 어떻게 이루어지는가? 프로이트는 1900년 『꿈의 해석』이라는 책을 출간했는데, 그는 여기에서 신화와 꿈이 가끔 같은 방식으로 작용한다고 말했다. 이를 두 가지로 정리 요약하면 다음과 같다.

▲ 프로이트의 『꿈의 해석』

첫째, 신화는 꿈과 같이 무의식적 사고를 다소 가장되고 상징적인 형태로 표현한다는 것이다. 꿈은 개인의 억압된 사고를 상징적으로 표현함으로써 그 개인의 짓눌린 감정을 일시적으로 완화시키며 정신적 안정을 도모한다. 그는 신화도 마찬가지로 개인 속에 억압되거나 잠자고 있는 그 어떤 것을 표현한다고 보았다. 인간의 무의식 속에 억압된 욕구와 공포를 신화를 통해 표현함으로써 이것들로부터 자유로워질 수 있다는 것이다.

둘째, 신화는 어떤 소망을 충족시키고 바람직한 감정 상태를 도모하기도 한다. 공상은 위안을 주며 현실에서 이루어질 수 없는 불가능한 소망에 대한 환상적인 만족을 제공해주기 때문이다. 신화와 꿈이 둘 다 인간의 무의식적 사고를 표현하지만, 중요한 차이점이 있다. 꿈은 한 개인의 소망과 공포를 표현하며, 이것은 너무나 개인적이고 특이해서 다른 사람과는 무관하거나 다른 사람에게는 존재하지 않을 수도 있다.

반면에 그 가설적 시작이 무엇이었든지 간에 그것이 표현하는 소망과 두려움이 많은 사람들 혹은 모든 인간들에게 적용되는 보편성을 지닐 때에 그 이야기는 신화로서의 지위를 지니게 된다.

신화를 심리적으로 분석하기 위해서는 심리분석에 기반이 되는 것, 즉 무의식이 존재한다는 것, 억압된 감정이 있다는 것, 그리고 유아기의 사건과 환상들이 중요하다는 것 같은 사실들을 인식하기만 하면 된다. 인간의 무의식 속에는 해결되지 않은 감정들이 남아있다. 해결되지 않은 감정들이란 어린 시절 욕망을 충족시키지 못했거나 혹은 억울함 · 분노 · 증오의 감정을 느꼈을 때이며, 약자이기에 참아야했고 겉으로 드러낼 수 없었던 어두운 경험들로 인한 감정들을 말한다.

이런 감정들은 오랜 세월이 지나 비록 의식으로부터는 잊혀졌다할지라도 무의식 속에 카르마(karma)로 내재하고 있으며 성인이 된 후에도 그 사람에게 영향을 미치게 된다. 그 개인이 살아온 삶의 역사가 마치 녹화필름처럼 무의식 속에 담겨있기 때문이다.

그리스 전통에서는 인간들이 그들의 형상을 본 따 신들을 창조했다. 그리스 신들은 영원한 젊음과 불멸성을 지니며 인간들보다 더 장엄하다는 것을 제외하고는 인간들이 지니고 있는 모든 속성을 다 갖는다.

그들은 사랑, 증오, 원망, 질투 같은 인간들의 감정을 느낄 뿐만 아니라 인간에게 있어서 비난의 대상이 되는 행위들, 즉 도둑질, 속임수, 싸움까지도 거침없이 수행한다. 마치 인간의 심리 속에서 모든 것이 가능하듯 말이다.

그리스 신들은 인간들의 투사이므로 신들의 이야기는 곧 인간들의 이야기이기도 하다. 신들의 이야기나 영웅들에 관한 이야기를 인간 심리의 반영으로 해석하려할 때 염두에 두어야할 것은 무의식의 반영으로서의 신화는 꿈과 같이 초 도덕적인 세계라는 것이다.

초 도덕적 세계란 비도덕적인 것 혹은 부도덕한 것과는 달리 도의적인 개념이 적용이 되지 않는 세계이다. 사회 속에서 인간이 살아가기 위해서는 최소한의 인간이 지켜야 할 규범들이 있다. 이것을 지키지 못할 때 부도덕한 행위로 비판을 받게 되며, 거기에 대한 책임을 져야 한다. 그러나 무의식의 세계는 분명히 현실과는 다른 차원의 세계이다. 공상, 상상, 몽상 또한 비현실로서 초 도덕적인 세계라고 볼 수 있다.

어떤 사람이 꿈속에서 도둑질을 했다거나 자신이 증오하는 자를 살해했다고 해서 그것에 대한 도의적 책임을 질 필요는 없다. 아니 오히려 심리학적으로는 그러한 꿈을 꿈으로써 증오의 감정이 완화된다고 보고 있다. 기독교에서는 마음속으로도 죄를 짓지 말라고 설교하지만, 마음속에서 일어나는 현상은 초 현실 세계로서 비판의 대상이 되지 못한다. 그것이 행동으로 옮겨질 때, 사회적 규범의 제약을 받게 되며 비판의 대상이 되는 것이다. 사실 적절한 상상이나 공상은 현실에서 충족되지 못하는 욕망을 간접적으로 만족시켜 주기도 한다. 따라서 무의식의 반영으로서 신화를 고찰할 때에는, 도의적 개념을 접어둔 상태에서 인간 본성의 적나라한 표현으로 이해할 수 있을 것이다.

2. '헤라클레스 신화'에의 적용

▲ 지친 헤라클레스 像 (나폴리 국립박물관 소장)

이제 이러한 심리학적 해석을 헤라클레스 신화에 적용하여 구체화시켜보도록 하자.

'클레스'란 그리스어로 영광을 뜻하므로, 헤라클레스의 이름은 '헤라의 영광'을 의미한다. 아이러니하게도 헤라의 질투심으로 인한 고행을 통해서 궁극적인 영광을 얻게 된다는 것이다.

헤라클레스의 탄생부터 죽음까지 그의 전 생애를 통해 변화하지 않는 특징은 헤라에 대한 적개심이다. 헤라는 제우스와 인간 여자와의 사이에서 태어난 많은 자식들 중에

유난히 헤라클레스를 미워하였다.

그러나 헤라클레스는 어머니(계모인 헤라)의 적개심에 의해 나약해지거나, 거기에 굴복하지 않고, 고난을 이겨냄으로써 불멸성으로 상징되는 무한한 자유를 얻게 되는 영웅이다. 우선 헤라클레스의 탄생과 관련된 신화에 대해 살펴보도록 하자.

헤라클레스는 제우스와 알크메네 사이에서 태어난 아들이다. 남편인 암피트뤼온이 원정으로부터 돌아오기 전날 밤, 제우스가 암피트뤼온의 모습으로 변장해서 알크메네를 찾아왔다. 그날 밤을 보통날 밤의 세 배가 되게 만들고 알크메네와 함께 밤을 지냈다. 그 다음날 암피트뤼온이 돌아왔을 때, 그는 아내가 별로 다정하게 반기지 않자 이상하게 생각했다. 그는 예언자 테이레시아스로부터 제우스가 전날 밤 암피트뤼온의 모습으로 그녀와 관계를 맺은 것을 알게 된다.

헤라클레스가 태어난 날 제우스는 헤라에게 오늘 자신의 혈통이 태어날 것이며, 이 아기는 장차 그가 살고 있는 지역과 주변지역을 다스리게 될 것이라고 자랑했다. 헤라는 제우스로 하여금 이 말에 맹세를 하게 한 뒤 곧 아르고스로 서둘러 가서 아직 일곱 달 밖에 되지 않은 페르세우스의 손자(따라서 제우스의 자손) 에우뤼스테우스를 서둘러 태어나게 하는 반면 헤라클레스의 탄생을 지연시켰다. 따라서 제우스가 헤라클레스를 위해서 한 맹세는 곧 에우뤼스테우스에게 적용이 되었다.

이와 같이 헤라클레스는 이미 세상에 태어나기 전부터 헤라의 질투와 적개심으로 공격을 당하며, 이 공격은 헤라클레스의 일생에 영향을 미

▲ 헤라클레스가 뱀을 잡는 모습을 지켜보는 암피트뤼온과 알크메네

친다. 왜냐하면 그는 성인이 되어 그의 생의 대부분을 약하고 비겁한 에우뤼스테우스에게 봉사해야 할 운명을 이때 부여받았기 때문이다.

알크메네는 그 후 쌍둥이(제우스의 아들 헤라클레스와 암피트뤼온의 아들 이피클레스)를 낳았다. 이들이 태어난 지 8개월이 되었을 때, 헤라가 헤라클레스를 죽이기 위해서 아이들의 침대 속에 두 마리의 큰 뱀을 넣었다. 알크메네가 공포에 질려 남편 암피트뤼온을 부르는 동안 헤라클레스가 벌떡 일어나 양손으로 한 마리씩 뱀의 목을 졸라 죽인다.

한편, 한 신화에 의하면 헤라는 헤라클레스를 자신의 아들로 만들기 위해 영웅을 자신의 치마 속에 넣고 산고의 흉내를 내며 다시 치마 밖으로 나오게 하고 자신의 젖을 먹임으로써 입양의식을 치렀다고 한다.

3. 헤라클레스 신화에 대한 심리학적 분석

헤라클레스 신화에 있어서 모순성은 헤라와의 모순적인 관계에서 비롯된다. 헤라와 헤라클레스의 관계에는 부정적인 면과 긍정적인 면이 함께 공존하고 있다. 항상 다른 여신이나 인간 여자와 관계를 맺기 위해서 자신 곁을 떠나있는 제우스에 대한 헤라의 적개심이 헤라클레스에게 전가된다. 심리적으로 여자가 남편에게 증오심을 느낄 때 이 증오심을 아들에게 투사시켜, 그 아들을 남편 대신 증오의 목표물로 삼는 경우가 있다. 이 경우에 아들은 희생양(scapegoat)이 되는 것이다.

반면 부재하는 남편의 대치물로서 자신의 빈 공백을 채울 필요성은 헤라로 하여금 자신의 젖을 먹이고, 그럼으로써 헤라클레스를 야심적이

▲ 헤라의 젖을 먹는 헤라클레스

고 명예로운 존재로 만들도록 한다. 사실 헤라클레스가 위대한 영웅으로 성장할 수 있었던 것도 헤라의 불멸의 젖을 먹었기 때문이다. 따라서 일생동안 헤라클레스를 괴롭힌 자도 헤라이며, 용맹스럽고 탁월한 영웅으로 만든 자도 헤라이다.

헤라는 악의에 찬 박해하는 어머니상이다. 그녀는 마치 정신분열증적인 어머니의 모델과도 같다. 사랑을 주되 아이를 독립된 존재로 성장할 수 있게 배려해 주는 것이 아니라, 인격형성에 부정적인 영향을 미치는 조건적인 사랑을 준다. 이러한 어머니의 사랑은 '독이 든 젖가슴'으로 상징되기도 한다. 그래서 헤라클레스는, 헤라의 증오의 대상이면서 그녀의 연장선상에 있기도 하다. 헤라클레스는 이러한 어머니의 속박과 구속으로부터 벗어나기 위해 절규하게 된다.

일반적으로 여성의 지위가 낮고 이성에 대한 적대감이 강한 사회에서는 여성의 감정적 충족이 주로 어머니와 아들의 관계에서 이루어진다. 반면 이 특성이 아주 적게 존재하는 사회에서는 결혼 관계가 이를 대신한다. 고대 그리스 신화의 시대는 분명히 전자에 속한다.

여성에 대한 거부와 경멸은 가정과 가족생활에 대한 거부와 경멸을 의미하며, 남자 어린이는 그의 심리적 발달의 가장 중요한 시기에 주로 어머니에 의해 양육된다. 당시 그리스 남성들과 같이 제우스는 항상 헤라로부터 멀리 떨어져 있었으며 헤라에게는 충실할 것을 강요한다.

그래서 헤라는 주로 그녀의 의붓자식들에 대한 일종의 복수를 통해 자신의 감정을 발산하게 된다. 좌절된 어머니가 자신의 감정의 일부를 아들에게 향하게 하는 것은 흔히 볼 수 있는 일이다. 남자아이는 곧 그녀의 것이 된다. 어머니는 아들을 지배하려 하고 변덕의 노리개로 만들며 자신의 충족되지 않는 감정을 아들을 통해 채우려 한다.

헤라클레스는 어머니의 '희생양'인 동시에 '해독제'이다. 그는 곧 '증오의 대상'인 동시에 '사랑의 대상'이 되는 것이다. '모순된 정서(ambivalence)'의 적극적인 측면도 아들에게는 과도한 부담으로 다가온다. 어머니는 아들을 통해 남편으로부터 충족되지 않는 감정을 채우기 위해 그를 '이상적인 영웅' 으로 만들려고 애쓴다. 그녀의 '작은 영웅' 이 성장해서 '완전한 영웅' 이 되어 그녀 생의 남은 기간 동안 자신을 보호해 주고 사랑해 줄 것을 기대한다.* 그녀는 구속되고 제한된 삶을 살고 있지만 아들을 통해 자유롭고 충만한 삶을 펼치기를 원하는 것이다.

여기에는 자신의 잃어버린 삶의 일부를 아들을 통해 보상받고자 하는 '보상심리' 가 작용하고 있다고 볼 수 있다. 따라서 그리스 어머니들의 아들에 대한 모순된 정서는 대상을 향한 애정과 초조감을 내포하는 일반적인 모순정서가 아니라 자신의 상처에 대한 치유로 반응하는 자기중심적 모순정서이다.

* 헤라클레스가 헤라를 보호해 준 두 경우가 신화에 전해지고 있다. 하나는 티탄들의 반란동안 포르퓌리온이 헤라를 겁탈하려 했을 때이며, 다른 하나는 파이스툼에 있는 신전에 그려져 있듯이 유사한 동기로 헤라가 실레노스들의 공격을 받았을 때이다.

4. 심리학 이론을 통해 본 헤라클레스 신화 (1)

프로이트는 인간에게는 삶의 본능과 죽음의 본능이 있다고 보았으며, 특히 삶의 본능에 이바지하는 본능을 '리비도(libido)' 라고 불렀다. 이 리비도는 흔히 성적인 에너지와 동일시되는데, 이것은 프로이트가 삶의 본능 중에서 성적인 본능이 가장 강하다고 보았기 때문이다.

프로이트에 의하면, 어린아이는 구강기(1~2세), 항문기(2~3세)를 거쳐서 남근기(4~5세)에 도달하게 되는데, 이때 '오이디푸스 콤플렉스'를 느낀다고 한다. '오이디푸스 콤플렉스' 란 어린이가 이성 부모의 사랑과 관심을 독차지하기를 원하면서 동성 부모를 경쟁상대로 여기고 적대감을 느끼는 것을 의미하며, 이것은 그리스신화 중 아버지 라이오스를

▲ 스핑크스의 수수께끼를 맞히고 있는 오이디푸스

살해하고 어머니 이오카스테와 결혼한 오이디푸스 이야기로부터 프로이트가 따온 명칭이다.

남자아이는 첫 이성 대상인 어머니의 사랑을 독차지하고 싶은 욕망을 느끼며, 아버지에 대해서는 경쟁심과 적개심을 느끼게 된다. 그러나 동시에 자신의 이러한 감정이 발각되어 거세당하지 않을까 하는 '거세공포'를 느끼게 된다고 한다. 그렇다고 아버지를 향해 항상 증오와 질투심을 느끼는 것은 아니며, 사랑하는 마음과 미워하는 마음이 뒤섞인 미묘하고 복잡한 감정이다. 또한 심리적 방어기제인 '억압'이 작용하게 되기 때문에, 부모나 다른 사람들은 아이로부터 이따금 과도한 질투심이나 소유욕 이상은 느끼지 못하게 된다.

이 억압된 무의식적 환상은 후에 다소 과장된 형태로 나타나게 되며 인격형성에도 중요한 역할을 한다. 프로이트는 정신적 건강과 병리는 이 '오이디푸스 콤플렉스'를 잘 극복하느냐 하지 못하느냐에 달려있으며 모든 신경증적 증세의 근저에는 해결되지 못한 오이디푸스 콤플렉스가 자리하고 있다고 보았다.*

사춘기를 거치면서 남자아이는 자신을 아버지와 동일시하면서 아버

* 반면 여자아이가 이성인 아버지를 좋아하는 것을 '엘렉트라 콤플렉스'라고 하는데, 여성의 경우에도 해결되지 못한 엘렉트라 콤플렉스는 그녀의 삶에 중요한 영향을 미치게 된다.

지에 대한 질투심과 어머니에 대한 집착으로부터 벗어나게 되고, 가정 밖에서 대리적인 애정의 대상을 얻기 위해서 가정 내의 욕망의 대상을 포기하게 된다. 이 극복되어야할 과정을 제대로 청산하지 못하면 성장해서도 올바른 이성 관계를 가질 수 없을 뿐만 아니라, 참된 의미의 성인이 될 수가 없는 것이다.

프로이트는 어머니에 대한 아들의 애착은 강도에 있어서는 성인의 것보다 훨씬 미약하지만 분명히 에로틱한 것으로 보았다. 그런데 어머니를 향한 이 리비도가 거부되면 어머니에게 적대감을 갖게 되는 것이다. 거부되고 좌절된 사랑은 증오로 변하며, 해결되지 못한 오이디푸스 콤플렉스는 그의 자유로운 삶을 방해한다.

헤라클레스는 정상적인 '오이디푸스기'를 거치지 못했다. 첫사랑의 대상인 어머니로부터 사랑을 얻지 못한 헤라클레스의 가슴은 원망으로 가득하다. 헤라클레스에 대한 헤라의 적개심은 가끔씩 그를 엄습하는 발작에 의해 표현된다. 성인이 되자 헤라클레스는 메가라와 결혼한다.

그러나 헤라클레스는 한 여자의 남편이 될 수 없었다. 어머니의 구속을 벗어나지 못한 헤라클레스에게 메가라는 자신을 얽어매는 속박으로밖에 느껴지지 않는다. 자기 자신의 무기력함에 대한 분노는 메가라에게로 향한다. 자유는 스스로가 고뇌에 찬 투쟁을 통해서 얻을 수 있는 것임을 인식하지 못한 헤라클레스는 스스로의 내적인 구속을 부인의 탓으로 돌린다.

헤라클레스의 광기는 어머니의 저주이다. 그것은 자신의 무의식 속에

▲ 술에 취한 헤라클레스 (피테르 파울 루벤스 作)

들어있는 부정적인 어머니상의 발현이다. 이것은 그를 미친 듯이 내리쳐, 그로 하여금 이성을 잃고 발광을 하게 만드는 헤라의 적개심으로 상징되어 있다. 헤라의 저주로 술에 취해 정신착란을 일으킨 헤라클레스는 가구를 부수고 집에 불을 지르고 자신의 자식들마저 알아보지 못한 채 죽이며, 마침내 부인 메가라까지 살해한다.

메가라의 살해는 어머니에 대한 증오심이 '전위' 된 것이라고 볼 수 있다. 누군가가 우리의 인생의 행로를 방해한다면 꿈은 그 방해자가 부모이건 형제이건 부부이건 그 사람을 죽이려고 잔뜩 벼르고 있다. 우리는 '인간이 이렇게 악한 존재인가' 하고 놀라서 그 꿈을 인정하고 싶지 않게 된다.

그러나 우리의 인생에서 이기심이나 소망 충족이 가장 가까운 부모에게 향하더라도 조금도 이상하지 않는 때가 있다. 그것은 바로 유아기이다. 어린아이는 사회적 관습이나 윤리적 제약을 받지 않고 자신의 이기심을 발휘하며 마음껏 공상한다. 이성의 부모를 독차지하기를 원하면서 동성의 부모에게 적대감을 느끼는 것은 성장과정의 자연스러운 한 단계이다.

그러나 어머니의 박해를 받은 헤라클레스는 정상적인 어린이가 동성의 부모에게 느끼는 적대감과 증오심을 사랑의 대상이 되어야할 이성의 부모에게 느끼게 되며, 그럼으로써 그의 삶은 혼란에 빠진다. 헤라클레스의 해결되지 못한 이 유아기의 감정이 메가라에게로 향한 것이다. 배출구를 찾지 못하고 억압당한 증오심은 어느 순간 폭발하게 된다. 어머니에게 자신의 감정을 직접 표출할 수 없기 때문에, 용이한 다른 대상으로 심리적 에너지가 옮겨간 까닭이다.

한편, 어머니에 대한 증오는 사랑의 '반동형성' 이라고 볼 수 있다. 인간의 본능과 그 파생물은 대립된 쌍을 이루고 있는데, 이를테면 삶과 죽음, 사랑과 미움, 건설과 파괴, 능동과 수동, 지배와 복종 등이 그것이다. 본능의 욕구가 충족되지 않을 때, 자아는 그 반대되는 본능에 치중함으로써 충족되지 않는 불쾌한 욕구를 피하려고 한다. 이와 같이 한 본능이 대립되는 본능에 의해 직접적인 지각으로부터 은폐되는 방어 메커니즘을 '반동형성(reaction formation)'이라고 한다.

증오는 일종의 '사랑의 반동형성'이다. 증오한다는 것은 그 대상의 사랑을 원한다는 것을 의미한다. 반동형성은 기만적이고 위선적인 목적에 에너지를 소모하게 함으로써 올바른 자신의 인생을 살 수 없게 만들며, 그 사람이 진정으로 원하는 것과 반대되는 행동을 하게 만든다.

어머니에 대한 증오심으로 점철된 헤라클레스의 자아는 '이드(Id)'* 에 의해 지배되며 이성을 잃고 광란한다.

* 프로이트는 후기 이론에서 인간의 인격을 '이드', '자아', '초자아'로 나누고 있다. '이드'는 인간의 본능적 욕구가 자리하는 곳이며, '초자아'는 인격의 도덕적 측면으로 '이상아'가 자리하는 곳이다. 정신적으로 건강한 사람은 '자아'가 인격의 주체가 되어 '이드'와 '초자아'를 통제하고 지배함으로써 외부 세계와 원만한 관계를 갖는다. 이 세 체계가 다른 명칭을 갖고 있다고 해서 각기 독립된 실재를 의미하는 것은 아니며, 이것들은 모두 인격 내의 다른 과정, 기능, 역학 관계를 나타내는 약어인 것이다.

5. 심리학 이론을 통해 본 헤라클레스 신화 (2)

호메로스의 대서사시 『오디세이아』에는 다음과 같은 내용이 있다.

오디세우스가 미래를 알기 위해 지하세계로 내려갔다가 헤라클레스의 유령을 만났을 때, 그 유령은 오디세우스에게 이렇게 말한다.

나는 제우스의 아들이었소. 그러나 나의 고행은 끝이 없었소. 나는 훨씬 비천한 인간의 노예였으며, 그가 부과한 고행은 너무나 무거웠다오.

여기서 그는 자신의 고행* 이 얼마나 어렵고 힘든 업무였는지, 자기보다 못한 인간의 종으로 굴욕을 견뎌내는 것이 얼마나 고통스러웠는지를

* 이 고행을 그리스어로 '아틀로이(athloi)'라 하는데, 이것은 원래 상을 얻기 위한 경연대회(contest)를 의미한다.

말하고 있는 것이다.

헤라클레스의 경우, 그 상은 델포이 신탁이 가르치듯이 불멸성이며, 이 불멸성은 참 자유의 상징이다. 반면 에우뤼스테우스는 영웅답지 못한 비열한 자로서 관습의 틀을 대변한다. 에우뤼스테우스가 부과하는 고행은 결국은 헤라의 적개심의 산물이며, 헤라클레스는 이 고행을 통해 어머니로부터의 자유를 위해 투쟁해야만 했다. 아폴론의 신탁은 헤라클레스에게 결코 에우뤼스테우스의 왕위를 빼앗아서는 안 된다고 경고했다.

힘으로 따지자면 헤라클레스가 에우뤼스테우스보다 훨씬 강했고, 그가 하려고 마음만 먹으면 그 일은 능히 할 수 있는 일이었다. 그러나 왕이 되어 세상을 지배하는 것은 헤라클레스의 본성에 어울리는 일이 아니었다. 참된 승리자로서의 영웅은 이 세상을 통치하려 하지 않는다. 영웅은 자신의 근본적인 적이 자신 속에 존재함을 인식하고 자신과 싸워 승리하는 자이며, 자신의 욕망을 정복하고 자신 속에 내재하는 부정적인 요소와 대결하는 자인 것이다.

에우뤼스테우스가 부과한 열 두 고행은 헤라클레스가 진정한 자유인이 되기 위해서 통과해야 하는 열두 가지 관문이었다. 어머니의 사랑을 받지 못하고 오히려 박해를 받은 헤라클레스는 정신적으로 신경증적 증세를 보인다. 헤라클레스는 충동적이고 자제력이 없으며 난폭하고 파괴적이다. 헤라클레스가 겪는 힘든 시련들은 자신의 결함과 대항해서 끊임없이 투쟁함으로써 정신을 정화시켜나가는 과정을 상징한다.

▲ 크레타 섬의 황소를 길들이는 헤라클레스 (코르넬리스 반 할렘 作)

헤라클레스는 네메아에 살고 있는 사자를 죽이고 에뤼만토스 산 주위를 황폐케 하는 멧돼지와 크레타 섬에 살고 있는 황소를 잡아온다. 이들 야생 동물들이 날뛰는 모습은 헤라클레스 자신의 제어되지 않는 광기의 모습이기도 하다. 어머니의 적개심으로 인한 발작은 이성을 잃게 만들고 자신도 이해할 수 없는 광폭성으로 이어진다. 헤라클레스는 자신 속에 있는 난폭함과 파괴적인 충동을 다스려야 했다.

또한 헤라클레스는 물뱀 휘드라를 죽이는데 휘드라는 머리가 아홉 개 달렸으며, 그 중의 하나는 불멸하기 때문에 머리를 자르면 자른 자리에 다시 머리가 자라나는 존재였다. 독이 든 이 뱀의 머리는 자르면 다시 솟아오르는 욕망의 덩어리를 상징한다. 인간의 욕망은 한이 없으며 완전

▲ 헤라클레스와 히드라 (안토니오 델 폴라이우올로 作)

히 정복되지 않는 한 그것은 점점 더 크게 자라난다. 불멸의 머리가 자라나지 않도록 조카인 이올라오스가 횃불로 잘려진 부분을 지졌다.

불은 정화의 상징으로 숭고한 정신력만이 욕망을 제어할 수 있음을 의미한다. 그는 또한 케뤼네이아에 살고 있는 금뿔이 달린 아르테미스 여신의 사슴을 잡아와야 했다. 1년을 추적한 후, 가벼운 상처를 내어 겨우 여신의 사슴을 생포했다. 이 고행은 쉬운 것 같이 보이지만 가장 시간이 많이 걸리고 가장 힘든 일이었다고 헤라클레스는 고백한다.

사자나 멧돼지로 상징되는 광포함보다 어쩌면 사슴같이 유약한 여성적인 우울함이나 감상주의적인 기질이 더 다스리기 어려운지 모른다. 정신의 해방을 위해서 그는 나약한 감수성을 정화시켜야 했다.

헤라클레스는 또한 아우게이아스 왕의 엄청나게 큰 마구간을 청소해야 했다. 지금까지 한 번도 청소를 하지 않은 먼지와 오물투성이의 마구간은 헤라클레스의 심리 속에 쌓인 감정의 찌꺼기들로서 증오, 미움, 원망, 질투 같은 것들을 의미한다. 그는 알페이오스와 페네우스 강물 줄기를 마구간을 통해 흐르게 함으로써 이 일을 하루 만에 끝냈다. 강은 정체

된 물이 아니며 생명력이 있는 흐르는 물이다. 이와 같이 깨어있는 의식은 무의식 속까지 꿰뚫고 들어가서 정체되어 있는 감정의 오물들을 제거한다.

▲ 달과 사냥의 여신 아르테미스와 사슴 像

헤라클레스는 스튐팔로스 호수 옆의 늪에 살고 있는 새들을 모조리 화살로 쏘아 죽였다. 이 새들은 늪이라는 무의식 속에서 나오는 수많은 괴기망상들이다. 헤라클레스는 자신의 정신을 흐리게 만들며 판단력을 잃게 만드는 망상과 허상들을 제거해야 했다.

그는 또한 인간의 살을 먹고 사는 디오메데스의 암말들을 데려와야 했다. 말은 성급함과 허영을 상징한다. 이 허영은 인간의 정신을 갉아먹고 쇠진하게 만든다. 불멸성으로 상징되는 자유를 얻기 위해서 그는 모든 허식과 허영을 물리쳐야 했다.

헤라클레스는 아마존족들과 대결해서 여왕 히폴뤼테를 죽이고 그녀의 허리띠를 가져와야 했는데, 아마존족은 남자들을 살해하는 여자들로 남성에 대한 적개심의 상징이다. 이것은 곧 헤라의 제우스에 대한 적개심이며 헤라클레스에게 전가된 적개심이기도 하다. 자신 속에 있는 여성에 대한 적개심을 제거하기 위해서 그는 자신에게 투사된 남성 적개심을 이겨내야만 했다.

▲ 케르베로스를 생포하는 헤라클레스 (프란시스코 데 수르바란 作)

마지막으로 헤라클레스는 서쪽 끝에 위치한 에리테이아 섬에 살고 있는 게뤼온의 가축들을 데려와야 했고, 서쪽 끝에 살고 있는 밤의 여신의 세 딸들인 헤스페리데스의 정원에 있는 황금사과를 가져와야 했으며, 지하세계의 문을 지키고 있는 세 개의 머리가 달린 개 케르베로스를 잡아와야 했다. 헤라클레스가 행한 열 두 고행들 중에 이 마지막 세 고행은 죽음을 정복하는 주제를 담고 있으며, 영원한 불멸성을 얻기 위한 준비 과정이라고 볼 수 있다.

고대 시대에 지하세계는 지구의 서쪽 끝에 위치한다고 생각되었으며, 지하 세계를 방문하고 무사히 돌아오는 것은 죽음을 정복하는 것으로

이는 케르베로스를 생포하는 것에서 절정에 이른다. 헤라클레스는 참 자유를 얻기 위해서 정신적 죽음을 정복해야 했다. 그 누구도 아닌 바로 자신이, 진정한 자아가 되는 것을 방해하고 있는 무의식 속에 존재하는 모든 억압과 속박으로부터 자기를 해방시켜야 했던 것이다. 또한 황금 사과는 어머니의 가슴을 상징하며, 이것의 획득은 헤라클레스가 하늘로 올라가서 어머니와의 합일을 이루며 궁극적인 불멸성을 얻게 되는 것을 의미한다.

헤라클레스의 열 두 고행은 보통 사람은 엄두도 내지 못할 힘들고 어려운 일이었다. 그러나 불가능한 일 같이 보이는 것도 힘을 내어 시작할 때 길이 열린다. 자신의 부정적인 측면을 대면하는 용기를 가질 때 이미 '그림자' 는 그 힘에 압도되기 시작하는 것이다. 인간에게는 타인도 싫어할 뿐만 아니라 자신도 인정하고 싶지 않는 무의식적인 부분이 있으며 융은 이러한 성격적 측면을 '그림자' 라고 부른다.

자아와 그림자는 서로 분리되어 있기는 하지만 마치 사고와 감정이 상호관련이 있는 것과 같이 밀접한 관계를 가진다. 일반적으로 한 개인의 고통스러운 경험으로 인해 형성된 어둡고 부정적인 면은 억압되어 무의식 상태로 남아 있기 마련이다.

그러나 영웅은 그림자의 존재를 인정하고 대면하며 이것과 싸울 준비가 되어 있다. 의식과 무의식의 대결은 그리스 신화에서 영웅과 악이 인격화된 괴물과의 투쟁으로 나타난다. 그림자가 적대적인 존재가 되느냐 그렇지 않느냐는 자신에게 달려있다. 그림자는 그 진실이 오해되거나 무시될 때에 적대적이 되는 것이다.

영웅은 자신 속에 그림자가 있다는 사실을 인식할 뿐만 아니라, 그 그림자로부터도 힘을 끌어낼 수 있어야 한다. 악마를 타도하기 위해서는 파괴적인 힘과도 손을 잡아야 하기 때문이다. 마치 영웅이 괴물을 피하지 않고 대결해서 승리를 거두듯이 자아는 자신의 그림자를 대면하고 정복함으로써 그림자로부터 해방되어야 한다.

카를 융은 자아와 그림자 사이의 갈등을 '해방을 위한 투쟁'이라고 보았다. 진정한 성인이 되기 위해서는 이러한 과도기가 필요하다. 이것은 자신의 가슴 속에 묻어둔 상처와 그에 따르는 고통과 함께 시작된다. 그리고 스스로를 무의식의 힘에 내맡김으로써 외로운 자기 탐색의 길을 가야 한다.

그 무의식이라는 암흑 속에 어떤 공포가, 어떤 괴물이 도사리고 있다 할지라도 그 실체를 찾기 위해서 고통스러운 진실을 감수할 준비가 되어있어야 하는 것이다. 자아를 그림자로부터 해방시키기 위해서는 자신의 내부로부터 악마 같은 존재가 돌출할지라도, 헤라클레스가 괴물들과 당당히 맞서 싸우듯이, 도피하지 않고 대면하는 용사가 되어야 한다. 이것은 일종의 소명이며, 참 자유인이 되기 위해서 거쳐야만 하는 숙명적 과제인 것이다.

참고 : 융은 인간의 무의식 속에는 그림자 외에 또 다른 '내적인 상'이 있다고 한다. 남자에게는 여성적 요소가 인격화된 상이 존재하고 여성에게는 남성적 요소가 인격화된 상이 존재하며, 이것들을 각각 '아니마(anima)'와 '아니무스(animus)'라고 부른다.

아니마는 남성의 마음속에 숨은 모든 여성적인 심리적 경향들이 인격화된 것으로 그것이 개별적으로 나타날 때 남성의 아니마의 특성은 일반적으로 그의 어머니에 의해 영향을 받는다. 만일 한 남성이 어머니로부터 부정적인 영향을 받았다면 아니마는 불안정하고 쉽게 흥분하고 변덕스러운 경향을 띠게 되며, 인생이 전혀 보람이 없는 것처럼 느껴지고 권태에 빠지기도 한다. 이런 암울한 기분은 심지어 그를 자살로까지 몰고 갈 수 있는데, 이 경우에 아니마는 죽음을 불러일으키는 사령이 된다.

만일 남성이 어머니와 긍정적인 관계를 가졌다 할지라도 이것은 다른 양식으로 아니마에 영향을 주게 되며 그를 여성적이고 감상주의적인 사람으로 만들게 된다. 아니마의 모든 면들은 투사될 수 있으며 마치 그것이 특정한 여인의 성질처럼 느껴진다. 그러나 아니마가 자신의 내부에 존재하는 무의식적인 상으로 인식될 때에 비로소 이 문제를 해결할 수 있게 되는 것이다. 어머니와의 밀착된 관계 – 그것이 부정적이든 긍정적이든 – 는 그 개인의 개체화를 방해한다.

헤라클레스는 어머니에 대한 증오심을 극복하고 집요한 모상으로 점철된 자신의 아니마를 해방시켜야 했다. 이러한 해방이 이루어진 후에야 비로소 다른 여성과 바람직한 관계를 가질 수 있는 것이다. 여성과의 관계에서 성숙한 관계를 갖기 위해서, 그리고 자아가 주체가 되는 진정한 의미의 성인이 되기 위해서 어머니와의 관계에 밀착된 정신적 에너지를 자유롭게 해야 했다.

6. 에필로그

심리학적으로 고행을 이겨내고 불멸성을 얻은 진정한 영웅상의 의미는 무엇일까? 인간은 어린아이와 같은 전의식적인 상태에서 의식적이고 독립적인 자아를 확립하기 위해 자신의 자아 에너지를 풀어놓고 단련시켜 나가게 된다. 마치 영웅이 수많은 괴물을 물리치며 승리를 거두듯이, 자아는 단련의 과정을 통해서 완전히 개별화된 자아의식으로 정립되어 자율성을 얻게 되는데* 이것이 바로 성숙한 영웅상의 의미이다.

진정한 영웅상이란, 자아가 부모로부터 심리적으로 완전히 독립이 되어 성숙한 자아의식을 확립하는 것이다. 이 단계에서는 영웅이 더 이상 괴물이나 악마를 정복할 필요가 없듯이 인간의 마음 속 깊이 숨어있는

* 이를 개성화 과정이라 한다.

힘이 인격화 되며, 아니마(여성의 경우는 아니무스)와 그림자는 더 이상 위협적인 존재가 되지 못한다.

무의식 속에서 인격화된 모든 것은 밝은 면과 어두운 면을 다 가지고 있다. 그렇지만 영웅적인 투쟁을 통해서 부정적인 면이 제거된 아니마와 그림자는 생명력과 창조성을 불러일으킬 수 있게 된다. 긍정적인 아니마는 남성의 마음을 올바른 내적 가치와 합치하게 하여, 보다 깊은 마음의 심부에 이르는 길을 열어주는 역할을 하는 것이다.

현대인에게 아직도 가치 있는 유일한 모험은 자신의 무의식의 세계로의 탐색이라고 볼 수 있다. 참된 의미의 성인은 타인의 삶의 어떤 모습도 모방하기를 거부한다. 그러나 많은 사람들이 위대한 종교적 스승들의 삶과 그들의 종교적 체험을 흉내 내려 하다가 돌과 같이 굳어지고 말았다.

그들은 회의도 고뇌도 방황도 해보지 않은 채 사회와 부모로부터 물려받은 전통만을 고수하면서 자신의 입지를 굳히려 한다. 또한 혹시나 자신의 내면에 자리하고 있는 무서운 실체가 드러날까 두려워하면서 종교와 전통 속에 안주하고 있다.

이들은 자신의 카르마(karma)를 더 깊은 심연으로 파묻으며 억압한다. 그럼으로써 이들은 관념으로 가득 찬 허위의 세계에 살고 있는 것이다. 위대한 정신적 지도자를 따르는 것은 그들의 삶을 그대로 모방하는 것이 아니라 그들과 같이 자신에게도 진실하게 살며, 깨어난 의식으로 자신의 참 자아를 수립하는 것을 의미한다.

성숙한 인간이 되기 위해서 우리는 세상의 보편적 가치와 믿음을 추구하는 노력도 중요하지만 그 무엇보다 의식적으로 자신을 무의식의 세계에 내맡기려고 노력하지 않으면 안 된다. 그러나 무의식을 심각하게 받아들이고 그것이 제기하는 문제들과 대결하는 데에는 많은 용기가 필요하다.

영웅은 '그림자'가 있다는 사실을 인식하고 무의식의 신비스러운 세계를 향해 도전하는 용기를 가졌다. 괴물과의 투쟁에서의 승리는 곧 자신을 괴롭히고 있는 '그림자'에 대한 자아의 승리인 동시에 자기 자신에의 승리인 것이다. 이와 같이 이 세상에서의 진정한 해방은 심리적 해방을 통한 성숙한 자아의식의 확립에 있음을 영웅상은 제시해 주고 있다.

그리스 신화의 철학적 사유

제8주제

그리스 신화에 나타난 신들의 이미지

1. 상징과 알레고리 그리고 의인화

신화 속에 등장하는 수많은 상징과 알레고리* 들은 정신과 현상을 이어주는 일종의 놀이이다. 이는 우리 삶 속에 실재하고 있지만, 파악하기 쉽지 않은 현상들에 대해 연상(association)을 통해 구체적인 이미지로 전환시키게 해준다. 의인화 역시 마찬가지다. 예컨대 지혜, 관능, 예지, 폭력 등을 하나의 관념으로 이해하는 것은 쉬운 일이 아니나 그것을 의인화 한다면 이해하기가 쉬워진다. 이를테면 지혜의 여신 아테나, 관능의 여신 아프로디테, 폭력의 신 아레스 등이 좋은 예이다.

* 풍유(諷諭). 어떤 추상적 관념을 드러내기 위하여 구체적인 사물에 비유하여 표현하는 방법을 말한다. 하나의 관념적 주제를 말하기 위하여 구체적인 보조 관념을 사용하여 그 유사성을 적절히 암시하면서, 주제를 나타내거나 풍자하는 표현 방법이다. 어떻게 보면 은유(metaphor)를 모든 관계에서 구현한 것이 알레고리라고 할 수 있다. 알레고리는 어떠한 의미 또는 교훈을 전달하기 위하여 다양한 서사적 기법을 활용하는 경우가 많은데, 이야기에 등장하는 주인공의 가면 안에서 선이나 악덕과 같은 관념적인 속성이나 가치를 표현한다.

카오스

서로 충돌하고 공존하며 다양한 양상을 빚어내는 삶의 원형적 요소들이다. 하나의 원리에 따른 것이 아닌 수없이 많은 다른 원리들이 부딪히는 그래서 부조화되어 있는 현상으로 체계화되지 않았을 때가 카오스이다. 당시 그리스인들은 카오스에서 모든 것이 생겨났다고 믿었다. 어원적으로 카오스는 '혼돈(混沌)'이라고 번역되기도 하나, 원뜻은 '입을 벌리다(chainein)'로, 이것이 명사화하여 '캄캄한 텅 빈 공간'을 의미하게 되었다. 헤시오도스의 신통기에서는 여기에서 암흑과 밤이 생겼다고 한다. 또한 오비디우스는 만물의 모든 가능성이 담긴 종자(semina)가 혼합된 것으로 보았다. 이와 같은 신화적 카오스에 비해, 논리적 원리로서의 자연을 거론한데서부터 이오니아 자연철학의 우주론(kosmologia)이 시작되었다.

코스모스

그리스 신화의 세계는 카오스를 코스모스 속으로 끌고 들어오는 과정이다. 그리스 신들은 다양하고 다르게 작용하는 에너지를 설명하기 위한 장치로서, 거기에 사람의 모습을 빌려 의인화한 것이다.

▲ 올림피아의 제우스 신상

'신들의 왕' 제우스

올림포스의 열두 신 중에 주신(主神)으로, 가장 막강한 권력을 가지고 있는 신이다. 제우스는 아버지 크로노스를 거세시키면서 최고의 신

▲ 제우스와 이오 (코레지오 作)
초기 르네상스 그림 중 가장 에로틱하며, 그리스 로마 신화에 충실한 작품

에 오른다. 그는 '광명의 신' 으로 모든 우주자연의 이치를 질서지우는 역할을 수행한다. 하지만 대개의 경우 제우스는 인간 세계에 직접 관여하기보다는 관조하는 경향이 있다.

제우스는 또한 '생명의 화신' 이기도 하다. '헤라' 라는 아내가 있음에도 불구하고 끊임없이 다른 여신이나 인간 여성과 관계를 맺어 수많은 자녀를 둔다. 많은 여신과 인간 여성들을 탐내서, 거기에서 자신의 힘을 생명으로 창조해 낸다. 제우스의 '독수리' 는 하늘의 제왕, 용맹한 힘, 위엄을 상징하며, '벼락(번개)' 은 빠르고 한 치의 오차 없이 작용하는 힘, 막강한 힘, 두려움의 대상을 상징한다.

이오

강의 신 이나코스와 멜리아 사이에서 태어난 딸이며, 아르고스를 건설한 폴로네우스의 자매이다. 제우스의 아내 헤라를 섬기는 무녀였다고도 한다. 제우스는 아내 헤라의 눈을 피해 구름으로 가리고 이오와 관계한다. 그러나 헤라가 눈치를 채고 현장에 나타나자, 재빨리 이오를 암소로 바꾸고 시치미를 뗀다. 이에 헤라는 시치미를 떼고 암소를 선물로 달라고 하여 100개의 눈을 가진 아르고스로 하여금 감시하게 한다. 헤르메스의 기지로 이오가 구출된 뒤, 제우스와 관계하여 '에파포스'를 낳았다. 에파포스는 후에 이집트의 왕이 된다.

▲ 납치당하는 가니메데스 (코레지오 作)

가니메데스

트로이의 왕자인 아름다운 소년으로 제우스에게 납치되어 신들의 술자리에서 술을 따르는 역할을 맡게 된다. 제우스는 독수리 또는 벼락으로 상징되는데, 특히 가니메데스를 납치하는 장면에서는 천둥과 번개가 치는 와중에 독수리가 가니메데스를 납치하는 것으로 표현된다.

가니메데스를 잃고 난 후 트로이의 왕과 왕비가 슬퍼하자 물병자리를 만들어 가니메데스의 모습을 부모가 확인할 수 있게 하였다.

다나에

▲ 다나에 (구스타프 클림트 作)*

아르고스의 왕 '아크리시오스(Akrisios)' 는 딸이 낳은 자식에게 죽임을 당하게 되리라는 예언을 피해 보려고 외동딸 '다나에' 를 지하 감옥에 가두어 버린다. 그러나 다나에의 미모에 반한 제우스는 '황금의 비' 가 되어 지하 감옥으로 스며들어 다나에를 품게 된다. 이들이 나눈 사랑으로부터 태어난 아이가 메두사의 목을 자른 영웅 페르세우스이다.

세멜레

카드모스의 딸로 헤라의 간계에 넘어가 제우스의 본 모습을 보여 달라고 조르게 된다. 굉장히 밝은 빛을 뿌리는 제우스의 본 모습을 보는 바람에 세멜레는 그 자리에서 타버리게 된다. 그런데 그녀의 뱃속에는 이미 제우스의 아기인 디오니소스가 있었다. 이에 제우스는 산모의 몸을 열고 아기를 꺼내어, 헤라의 감시를 피하기 위해 자신의 허벅지에 넣고

* 클림트는 자신의 작품 속에서 제우스와 다나에의 합일의 순간을 날카롭게 포착하고 있다. 특히 가랑이 사이로 제우스의 정액이 쏟아지는 부분은 가히 압권이라 할만하다.

도로 꿰매게 된다. 달이 차자 제우스의 허벅지에서 디오니소스가 태어난다.

▲ 제우스와 세멜레 (모로 作)

레다

제우스는 스파르타의 왕 틴다레우스의 아내 레다의 사랑을 얻기 위해 백조로 변신하여 그녀의 마음을 움직이고, 결국 레다와 사랑을 나누게 된다. 아름다운 백조와 레다의 관계에서 가장 아름다운 연인인 '헬레네'와 '디오스쿠로이' 형제가 태어난다. 헬레네는 후에 트로이 전쟁의 빌미가 된다.

헤라

올림포스의 최고 여신으로 부와 권력과 모든 것을 다 가졌지만, 남편 제우스의 끊임없는 외도 때문에 남편의 사랑만은 결국 얻지 못하는 여신으로 그려진다. 끊임없이 제우스와 관계한 여성들을 괴롭히는 등 질투의 화신으로 그려지지만, 실제로 헤라는 결혼과 가정과 해산의 여신이다.

▲ 레다와 백조 (세스토 作)

▲ 제우스와 헤라 (해밀턴 作)*

결혼의 순결성을 상징하기 때문에 그녀는 해마다 지하세계(冥界)의 입구인 스틱스 강에서 목욕을 하고 처녀성을 회복하곤 했다. 즉 헤라의 질투는 여성으로서의 질투만이 아니라 가정을 수호하기 위한 것이라고 볼 수 있다.

헤라의 '공작새'는 화려함과 허영의 상징이다. 그녀의 시녀인 무지개의 여신 아리스, 아들인 헤파이스토스가 만들어준 황금옥좌 등의 이미지와 연결된다. 헤라는 여왕으로서 왕홀(王笏), 화려한 옷, 귀부인으로서의 아름다움을 갖추고 있지만, 끊임없이 남편의 시선과 관심을 끌고 싶어 한다. 헤라는 모계사회에서 부계사회로의 이행을 대표하는 여신이다. 즉 여성 중심의 혼인관계가 금기시되고, 일부다처제가 제도화되면서, '정절을 서약한 아내'의 원형이 된다.

* 제우스가 헤라에게 매달려 사랑을 호소하는 모습이 마치 춘화를 보는 듯하다. 특히 헤라를 상징하는 공작새와 제우스의 상징인 독수리는 흥미로운 대립구도를 보이고 있다.

레토

레토는 티탄신인 코이오스와 포이베의 딸이다. 그녀는 제우스의 사랑을 받아 쌍둥이를 임신하게 되지만, 질투심 많은 제우스의 아내 헤라가 자기가 낳은 아이들보다 레토가 낳게 될 아이들이 더 위대하게 된다는 사실을 알고, 모든 나라에 레토를 받아들이지 못하게 하며 출산장소 또한 제공하지 말 것을 명령하게 된다. 따라서 레토는 아직 육지가 되지 못하고 바다에 떠있는 섬에 불과했던 델로스 섬에서 아폴론과 아르테미스를 낳게 된다.

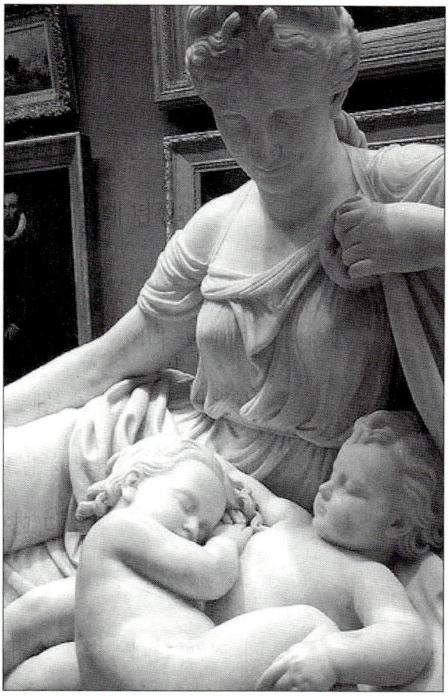
▲ 쌍둥이인 아폴론과 아르테미스를 안고 있는 레토 像

아폴론

'태양의 신' 이자 '예술의 수호신' 으로, 뮤즈(Muse)라고 하는 아홉 여신(무사이)을 거느리며, 칠현금인 리라를 들고 있는 모습으로 그려진다. 아르테미스와 함께 사냥의 신으로, 둘 다 등에 활을 매고 다니며 굉장히 활을 잘 쏜다.

아폴론이 의인화하고 있는 기본적인 에너지는 '예지' 이다. 예지는 보이지 않는 것을 정확하게 꿰뚫어 보는 힘이다. 일반 사람들이 모르는 지하의 세계, 저승의 영역, 알지 못하는 영역을 들여다보고 신탁을 하는 신이다. 예지가 예술로 승화되었을 때, 아름답고 다듬어진 시와 노래가 되며, 활로 정확하게 과녁을 꿰뚫을 수 있는 힘이 된다. 또한 의술과 연결되어 어디가 아픈지를 알아내고 어떤 방법을 써야 원상태로 돌릴 수 있

▲ 벨베데르의 아폴론 신상*

는가를 정확하게 판단하고 짚어낼 수 있게 된다.

아폴론의 신탁을 전하는 매개체는 뱀과 까마귀다. 뱀은 땅에 배를 깔고 기어 다니며, 땅 밑에 들어가 겨울잠을 잔 뒤, 봄이면 다시 부활한 땅 밖으로 나온다. 즉 아폴론은 지하세계와 지상세계를 자유롭게 넘나들 수 있는 뱀으로 하여금 양쪽의 세계를 중개하는 아폴론의 대리자로 삼는다. 까마귀는 어둠과 태양의 밝음을 극단적으로 대비시킨다. 암흑의 세계 속에서 볼 수 없는 것을 아폴론이 비추어내고, 그것을 끄집어내는 심부름을 하는 것이 까마귀라고 생각하면 된다.

다프네

아폴론은 사냥의 신으로 자신이 명사수임을 자랑스러워한다. 그는 에로스**의 작은 활과 화살을 비웃다가 그 벌로 강의 신 페네이오스의 딸 다프네에게 한눈에 반한다. 그러나 에로스의 농간으로 다프네는 아폴론을 보고 무서워서 도망친다. 정신없이 도망쳐서 아버지(페네이오스 강의 하신)가 있는 곳까지 이르렀을 때 아버지에게 그곳에서 벗어나게 해 달라고 부탁한다.

아버지는 딸을 도와서 몸 전체를 월계수로 변하게 한다. 아폴론은 다프네를 잃어버린 아쉬움을 달래기 위해 "앞으로 나의 영광을 입는 모든

* 고대 그리스에서 제작된 아폴론 조각상 중 가장 백미로 손꼽히는 걸작이다.

** 카오스(혼돈)의 아들이라고도 하고, 닉스(밤)의 알에서 태어났다고도 하는 에로스는, 혼돈 속에서 질서를 낳는 원동력, 남성과 여성을 결합시켜 새로운 세대를 낳게 하는 사랑의 신으로 알려졌다. 그의 계보(系譜)에 관해서는 여러 설이 있으나, 그 중에서도 아프로디테의 아들이라는 설이 가장 널리 알려졌다. 또한 인간의 모든 생명을 움직이는 위대한 힘으로서의 에로스(사랑)는 프시케(Psyche:魂)의 관념과 결부되어 헬레니즘시대에는 '혼'을 괴롭히는 '애욕의 법'이라는 관념이 생겨, 흔히 작은 공예품에 소녀를 괴롭히는 소년의 모습으로 표현되기도 한다.

▲ 아폴론과 다프네 (로렌조 베르니니 作)

자의 머리에 네 가지를 꺾어 관을 씌워 주리라."고 맹세한다.

월계수는 사시사철 푸른 나무의 이미지이며, 영원한 예술, 그리고 젊음과 힘을 상징한다. 또한 승리의 상징으로 월계관이 사용된다.

아리아드네

아리아드네는 미노스왕의 딸인데 적국의 왕자인 테세우스가 미노타우라스라는 괴물을 죽이고 다이달로스의 미궁을 빠져나갈 수 있도록 도와준다. 아버지를 배신한 그녀는 테세우스와 함께 떠나지만, 테세

▲ 낙소스 섬에 버려진 아리아드네 (반덜린 作)

우스는 아리아드네를 낙소스 섬에 버리고 간다. 디오니소스* 는 아리아드네를 데려가서 아내로 삼는다.

* 그리스 신화에 등장하는 술의 신. 로마신화에서는 바카스라고 한다. 제우스와 세멜레의 아들이다. 제우스의 사랑을 받는 세멜레를 질투한 제우스의 아내 헤라가 세멜레를 속여서 제우스가 헤라에게 접근할 때와 똑같은 모습으로 나타나게 해 달라는 소원을 하도록 세멜레에게 권하였다. 어떤 소원이라도 들어 주기로 약속한 바 있는 제우스는 본의는 아니지만 번개의 모습으로 나타났기 때문에 세멜레는 그 자리에서 타죽었다. 그러나 태내에 있던 디오니소스는 살아나 제우스의 넓적다리 속에서 달이 찰 때까지 자란 끝에 태어났다. 이렇게 태어난 디오니소스는 님프의 손에서 자란 후로 각지를 떠돌아다녔는데, 이것은 헤라가 그에게 광기(狂氣)를 불어넣었기 때문이라고 한다. 그는 먼저 이집트로 갔고, 이어 시리아로 옮겼다가 아시아 전역을 떠돌아다니면서 포도재배를 각지에 보급, 문명을 전달했다고 전한다. 디오니소스에 대한 신앙은 트라키아 지방으로부터 그리스로 흘러들어온 것으로 생각되며, 디오니소스는 대지의 풍요를 주재하는 신인 한편, 포도재배와 관련하여 술의 신이 되기도 한다. 고대 그리스에서 행해졌던 '디오니오스 축제'는 1년에 4번 행해졌는데 장엄한 신화적 주제로 봄에 열린 제전은 비극으로, 익살스런 토속적 이야기를 주제로 겨울에 연 제전은 희극으로 발전되어 서양연극 장르의 기본 형태는 이 제전에 토대를 두고 있다. 이 축제는 일주일 정도 계속되었는데, 특히 주신(酒神) 디오니소스에게 바치는 합창찬가인 '디티람브(dithyramb)'가 그리스 연극으로 발전했다고 전해진다.

크로노스와 포세이돈

크로노스는 '시간의 신' 으로 원래 올림포스의 최고신이었다. 크로노스에게 신탁이 내리는데, 크로노스가 자기 아버지인 우라노스를 거세하고 제거하면서 권력을 잡은 것처럼 그의 아들 또한 그러하리라는 것이었다. 이에 크로노스는 낳는 자식을 모조리 집어 삼키게 된다.

이는 시간이 시간 속으로 들어온 모든 것의 끝을 맺게 하고 언젠가는 거두어간다는 속성을 반영한다. 포세이돈은 제우스의 형이지만 역시 크로노스에게 먹혔다가, 제우스가 크로노스를 제압하고, 제우스가 크로노스로 하여금 삼킨 자식들을 전부 토해낼 때 구출된다. 이로써 제우스는 하늘을 담당하는 최고신이 되고, 포세이돈은 바다를 담당하는 신이 된다.

바다의 신 포세이돈은 '삼지창' 으로 폭풍을 일으키고, 바다의 지진을 관장한다. 포세이돈이 관장하고 있는 힘은 순화되지 않은 원초적인 자연력이다. 본능적인 것이 그대로 뭉쳐져 역동적으로 작용하는 자연력을 상징한다. 엄청난 힘을 쓸 수 있으며, 때에 따라 폭풍을 일으키고 모든 것을 뒤흔들어 상대를 제압하는 파괴적인 힘이다. 또한 파도와 말을 함께 형상화함으로써 바다의 거친 이미지와 말이 가지는 원초적인 생명력을 겹쳐 쓴다.

▲ 자식을 삼키는 크로노스 (루벤스 作)

▲ 말을 타고 개선하는 포세이돈 (3세기 로마시대의 모자이크)

아테나

'전쟁과 지성의 여신' 아테나는 투구를 쓰고, 창과 방패를 들고서 아이기스라는 갑옷을 입는 등 항상 완전무장을 하고 있다. 갑옷 혹은 방패의 가운데에 괴물 메두사의 머리가 있다.

아테나는 제우스와 메티스 사이에서 태어난 여신이다. 메티스가 임신을 하게 되자, 프로메테우스는 메티스에게서 아버지를 누르는 막강한 자식이 탄생해서 제우스의 권위를 위협하게 되리라는 신탁을 내린다.

이에 제우스는 임신을 한 메티스를 통째로 집어 삼켜 버린다. 지혜를 삼킴으로서 지혜를 자기 것으로 하고 메티스 배안의 자식도 세상에 나오지 못하게 함으로써 영원히 자기가 그 권력을 누리게 되리라고 생각

▲ 아테나와 아레스의 전투 (자케 루이스 데이비드 作)

한 것이다. 그러던 어느 날 제우스의 머리가 깨질 듯이 아파오고 이에 대장장이 신 헤파이스토스에게 명하여 도끼로 자신의 머리를 내려치게 한다. 이에 작은 구멍을 내니까 거기에서 다 자란상태의 아테나가 완전 무장을 하고 함성을 지르며 튀어나온다.

아테나는 중성적 이미지를 갖고 있다. 여자이기에는 남성적인 이미지가 있고, 남성으로 보기에는 어딘가 부드러운 이미지가 있다. 아테나 여신은 평생 동안 사랑에 빠지지도, 결혼도 하지 않는 처녀신이지만 자비로운 노파로 종종 변신해 나타나기도 한다. 지혜롭고 전략과 전술에 밝은 여신이다.

아프로디테

사랑과 관능적인 아름다움을 대표한다. 제우스의 조부모에 해당하는 하늘의 신인 우라노스와 땅의 신 가이아는 그 사이에 많은 자식을 두게 되는데, 우라노스는 자식을 낳기만 했지 제대로 거두지 않고, 가이아의 땅 속 깊이 가두어버린다. 이에 화가 난 가이아가 크로노스로 하여금 우라노스를 거세하게 하고 크로노스는 그 생식기를 잘라서 바다에 던지게 된다.

바다에 던져진 생식기에서 나온 피가 거품이 되고 이것이 바다 위를 떠돌며 엉겨서 태어나는 여신이 바로 아프로디테이다. 바다는 여성을 연상시키며, 바다에 생식기가 던져진다는 것은 '남녀의 교합'을 상징한다. 또한 바다에서 떠오르는 여신을 여성의 생식기를 연상시키는 '조가비'가 항상 받치고 있는 것도 관능을 의미한다.

▲ 아프로디테 像 (밀로스 섬에서 발견되어 보통 밀로의 비너스라 알려져 있다)

그리스 신화에서는 아름다움을 겨루는 세 여신이 등장하는데, 그 세 여신이 바로 아테나와 헤라 그리고 아프로디테이다. 파리스라는 트로이의 왕자가 목동으로서 양을 치다가 누가 가장 아름다운 여신인지를 심판하게 된

▲ 파리스에게 헬레네를 아내로 주는 아프로디테 (해밀턴 作)

다. 자기를 가장 아름다운 여신으로 뽑아줄 경우 헤라는 부와 권력을, 아테나는 모든 싸움에서 이길 수 있는 무술과 명예를, 아프로디테는 이 세상에서 가장 아름다운 여인을 아내로 맞게 해주겠다고 약속한다. 파리스는 아름다움의 징표인 '황금사과'를 아프로디테에게 줌으로써, 도도하고 기품 있는 아름다움(헤라)과 지성적인 아름다움(아테나)보다 아프로디테의 섹시한 아름다움을 선택하게 된다.

관능의 여신답게 아프로디테는 시민사회의 도덕으로는 용납하기 힘든 문란함과 자유분방함을 보인다. 아프로디테는 남편(헤파이스토스)이 있었음에도 불구하고 군신(軍神) 아레스와 공공연한 애정행각을 벌일 뿐 아니라 에로스, 하르모니아 등 네 명의 자식을 둔다. 이는 아프로디테가 일부다처제를 상징하는 제우스와 헤라 시대 이전의 모계사회를 대변함을 의미한다.

▲ '군신' 아레스 像

아레스

'군신(軍神)' 이다. 제우스가 메티스를 집어삼킨 뒤 아테나를 혼자 낳고, 디오니소스를 허벅지에 넣었다가 자식을 낳는 것에 화가 난 헤라가 나도 혼자서 아이를 낳을 수 있다고 해서 낳은 자식이 아레스와 헤파이스토스이다.

'폭력의 신' 아레스는 자기가 원하는 것이 있으면 수단과 방법을 가리지 않고 폭력으로 밀어붙여 차지하고야 만다. 즉 목적을 위해 힘으로 밀어붙여서 뺏고 약탈하고 전쟁을 치루는 것이 아레스이다. 그는 호전적이었으나 아름다운 외모를 가진 탓으로 가장 아름답고 관능적인 여신 아프로디테를 연인으로 차지한다. 이 둘 사이에 태어난 신이 사랑의 신 에로스이다.

▲ 아레스와 아프로디테 (보티첼리 作)

▲ 아프로디테와의 사랑에 빠진 헤르메스. 에로스도 보인다. (코레지오 作)

헤르메스

헤르메스는 제우스와 거인 아틀라스의 딸 마이아의 사이에서 태어났다. 아버지 제우스의 전령을 받드는 신이다. 굉장히 재빠르고 재간 있고 두뇌회전이 빠른 신으로 그려진다. 요즘과 같은 정보화시대의 이미지에 딱 들어맞는 신이기도 하다.

그는 중개상의 역할도 한다. 상업을 관장해서 서로 필요한 부분을 나누게 하고 무역, 거래를 담당한다. 거짓말도 잘하고 때로는 도둑질도 한다. 헤르메스가 태어난 지 얼마 안 되어서부터 요람에서 빠져나와 아폴론의 소를 도둑질해서 동굴 속에 감춘 일화는 유명하다.

헤르메스는 페타소스라는 날개가 달린 넓은 차양의 모자를 쓰고, 발에도 날개가 달린 샌들을 신었으며, 손에는 케리케이온이라는 전령(傳令)의 지팡이를 들고 있는 것이 특색이다. 그의 날개달린 샌들은 굉장히 빠른 속도로 메시지를 전하기 위해 이동할 수 있는 수단이며, 이것은 신이나 인간의 꿈속으로도 나타나고 아무리 먼 거리라도 단시간에 날아갈 수 있는 헤르메스를 대표하는 상징이다.

또 하나의 상징인 케리케이온(전령의 지팡이)은 날개가 달려있고, 양쪽에 뱀이 감고 올라가는 형태의 수면 지팡이다. 이 지팡이로 치면 사람이 바로 잠들게 되고 그러면 그 꿈속에 헤르메스가 나타나서 메시지를 전한다. 또한 헤르메스는 저승의 신인 하데스의 황금투구를 자주 빌려 쓴다.

아르테미스

제우스와 레토의 딸로 아폴론과는 쌍둥이 남매간이며 누이동생이다. 처녀사냥꾼으로 산과 들에서 사슴을 쫓는 활의 명수라고 하며, 그의 화살은 산욕(産褥)을 치르는 여자를 고통 없이 그 자리에서 죽게 하는 힘을 지녔다. 또한 처녀의 수호신으로서 순결의 상징이었는데, 처녀의 순결에 상처를 입힘으로써 죽음의 벌을 받은 자 가운데는 오리온이나 악타이온* 이 있다.

▲ 사냥에서 돌아온 아르테미스가 님프들과 같이 있다. (부쉐 作, 루브르 미술관 소장)

* 아폴론과 님프 키레네의 아들 아리스타이오스와 카드모스의 딸인 아우토노에 사이에서 태어난 아들이다. 반인반마(半人半馬)의 현자(賢者) 케이론의 가르침을 받았으며 사냥을 잘하였다. 이아손과 헤라클레스 등과 함께 아르고호를 타고 콜키스로 가서 황금 양모를 찾는 모험에도 참여하였다. 하루는 사냥개 50마리를 이끌고 키타이론의 산속에서 사냥을 하다가 순결의 상징인 처녀신 아르테미스가 목욕하는 광경을 엿보게 되었다. 순결에 상처를 입은 아르테미스는 화가 나 사슴으로 변하게 하였는데, 결국 자신의 사냥개에게 쫓기다가 물려 죽었다.

아폴론이 태양을 상징하는데 비해 아르테미스는 달을 상징한다. 이마에 반달이나 초승달 같은 상징을 달고 나오기도 한다. 아르테미스가 대표하는 영역은 처녀성의 순결함과 그에 대한 아집이다. 자신의 처녀성을 무엇보다 소중하게 여겨서 누가 그것을 침범하는 것을 절대로 용납하지 않고, 만약에 그것에 상처를 입으면 굉장히 매섭고 날카롭게 반응한다.

헤파이스토스

아프로디테의 남편이며, 올림포스의 신들 중에서 가장 외모 면에서 떨어지고 지능도 우수하지 않은 한편 순진한 모습을 하고 등장하는 신이다.

'대장장이 신' 으로 불을 다루면서 손재주가 굉장히 뛰어나 못 만들어내는 것이 없다. 신들을 위해 아테나의 방패와 같은 무기나 헤라의 옥좌 등을 만들어낸다. 트로이전쟁 때, 아킬레우스의 갑옷과 마차를 만든 것도 헤파이스토스다. 즉 기술의 영역을 담당하는 신이다.

▲ 헤파이스토스를 묘사한 도자기

'절름발이 신' 헤파이스토스는 헤라가 혼자 낳은 아들이다. 따라서 제우스가 별로 탐탁지 않게 여기는데, 제우스와 헤라가 다투는 과정에서 헤파이스토스가 눈치 없게 어머니 편을 든다. 이에 제우스가 화가 나서 헤파이스토스를 발로 차 올림포스에서 떨어트린다. 렘노스 섬으로 떨어진 헤파이스토스는 한쪽 다리가 부러져서 절름발이가 된다. 이는 장애를 극복하고 오직 외길을 걷는 이미지로 비쳐진다.

▲ 하데스와 페르세포네 (로크리에서 출토된 기원전 480년경의 부조)

저승의 신 하데스

제우스의 형제로 크로노스와 레아 사이에서 태어났다. 그는 태어나자마자 아버지 크로노스에게 잡아먹힌다. 제우스에 의해 아버지 뱃속에서 다시 살아나온 하데스는 제우스 편에 서서 크로노스와 티탄을 상대로 싸운다. 이때 그는 키클롭스에게서 황금 투구 '퀴네에'를 무기로 받는다. 이 투구를 쓰면 남들의 눈에 보이지 않는다. 제우스는 하늘의 영역, 포세이돈은 바다의 영역, 하데스는 명부, 저승의 영역을 담당한다.

페르세포네

대지의 여신인 데메테르의 딸인데, 하데스가 페르세포네의 아름다움에 반해 납치하여 저승으로 데리고 간다. 이에 데메테르는 제우스에게 내 딸을 납치한 하데스가 안돌려 보내준다고 간청하자, 일 년의 반은 지상에서, 나머지 반은 이왕 결혼한 남편과 함께 명부에서 지내게 한다. 페르세포네가 의미하는 것은 씨앗과 곡물이다. 봄에 새싹이 세상에 나와서 가을에 다시 지하로 들어갈 때까지 반은 지상에 있고 반은 땅의 어두운 곳에서 다시 태어날 것을 기다리는 것을 의인화 하고 있다.

▲ 페르세포네의 납치 (피테르 파울 루벤스 作)

2. '상상력의 원천' 으로서의 신화

신화는 상상력의 보고(寶庫)이며, 우리에게 무한한 상상력을 제공해 준다. 일반적인 정의에 따를 경우, 상상은 실제로는 경험할 수 없는 사건이나 사물을 하나의 심상으로 만들어 내는 일이다. 인류의 의미 있는 진보가 창조성에서 비롯된다고 했을 때, 창조성은 곧 상상력에서 나오는 것이다. 필자는 이에 관한 논의를 아리스토텔레스, 홉스, 칸트의 견해를 중심으로 살펴보고자 한다.

상상력이란 비합리적인 것?

과학적 합리성을 염두에 두었을 때, 상상이란 현실과는 괴리된 환상으로서 비과학적이고 비합리적인 것, 그래서 황당한 것으로 치부되기도 한다. 하지만 과연 그런가? 우리는 확실성의 전형으로 과학적 지식을 꼽는다. 그렇다면 과학적 지식의 확실한 근거는 무엇인가?

그것은 과학의 법칙성에서 찾을 수 있을 것이다. 그렇다면 확실성의 전형으로서의 과학법칙(법칙진술)은 어떻게 확립되는가? 물론 귀납적 방법론에 의해 확립되는 것임에 두 말할 나위 없을 것이다. 하지만 귀납적 방법론이 갖는 근본적인 문제는 개별적인 사례들로부터 일반화시키는 과정에서 논리적 비약이 이루어진다는 사실에서 비롯된다.

그 비약은 결국 반증가능성을 허용하기 때문에 견고한 방법론으로 자리매김할 수 없다는 암묵적인 합의에 의해 보다 견고한 형태인 가설-연역적 방법으로 이를 대신하게 된다. 물론 이 가설-연역적 방법론 역시 문제가 있음은 잘 알려진 사실이다. 그럼에도 불구하고 반증허용가능성을 최소화시킬 수 있다는 측면에서 어느 정도 합의에 도달했다고 볼 수 있다.

그렇다면 가설-연역적 방법을 통해 과학적 법칙진술이 어떻게 확립되는가? 과학자 혹은 과학자 집단에 의해 최초로 가설이 수립되면 실험, 관찰 등의 검증절차를 거치게 된다. 이러한 단계를 거치고 난 후, 확증된 하나의 법칙으로서 그 지위를 갖게 되는 것이다. 여기에서 문제가 되는 것은 바로 '가설의 수립' 에 관한 부분이다. 말하자면 가설이 어떻게 수립되는가? 하는 문제이다. 이는 다름 아닌 과학자 혹은 과학자 집단의 상상력의 산물이라는 점이다.

가설이 중요한 것은, 만일 가설이 수립되지 않고서는 어떠한 절차도 거칠 수 없기 때문에 과학에서의 법칙진술은 결코 도출되지 않는다. 결국 현대에서 확실성의 전형으로 일컫는 과학에서 조차도 상상력이 그 단서를 제공해 준다는 사실이다. 그렇게 보았을 때, "과학의 진보는 상상력의 폭에 비례한다."고 해도 큰 무리는 없을듯하다.

세계를 해석하고 현실을 표현하는 한 방식으로서의 신화는 최근 들어 더욱 강조되고 있다. 그것은 상상력이 현실 세계에서 합리적으로 설명할 수 없는 문제에 대해, 현실의 경계를 넘어선 불가해한 현상을 보여주기도 하고, 그 한계를 넘나들기도 한다는 사실에서 비롯된다. 신화는 곧 상상력의 원천이기 때문이다.

이제 아리스토텔레스와 홉스 그리고 칸트 순으로 상상력에 대한 이론적 근거에 대해 차례로 검토해 보기로 하자.

상상력에 대한 아리스토텔레스의 견해

상상력에 대한 서구의 오랜 전통은 플라톤과 아리스토텔레스에게로 소급된다. 그 중, 플라톤적 전통은 상상력을 예술과 환상, 창조성과 결합하는 방식이며, 아리스토텔레스적 전통은 상상력을 지각과 이성으로 결합하는 기능으로 간주하는 방식이다.

우선 플라톤에 따르면 인간은 육체와 영혼이 결합되어 있으며, 그 가운데 영혼의 작용이 곧 인간의 정신 작용이었으며 이데아는 경험에 선

▲ 손바닥으로 땅을 가리키면서 왼손에는 니코마코스 윤리학을 들고 있는 아리스토텔레스(왼쪽)와 왼손에는 티마이오스를 들고 오른손 손가락으로 하늘을 가리키고 있는 플라톤(오른쪽). (라파엘로 작품 '아테네학당' 의 부분화)

행하여 존재하는 순수한 관념이었다. 그러나 이러한 플라톤의 상상력 개념이 이후에 지배적인 영향력을 행사하지는 않는다. 하지만 이론적 기반을 토대로 한 플라톤의 상상력 개념은 아리스토텔레스에게로 곧장 전승된다. 말하자면 사실상 상상력에 대한 보다 근본적이고도 본격적인 철학적 논의는 아리스토텔레스에게서 비롯된다고 볼 수 있다.

아리스토텔레스(Aristoteles)는 상상력을 '감각' 과 '사유' 를 매개하는 기능으로 간주한다. 즉, 상상력은 감각에 의존하며 사유를 가능하게 해준다고 했다. 다음과 같은 아리스토텔레스의 견해를 살펴보자.

감각 없이 상상력은 드러나지 않으며, 상상력 없이 판단력 또한 생겨날 수 없다. 다시 말해, 상상력은 지각이나 추론적 사고와는 다르다. 또한 상상력의 활동은 판단력과도 명백히 다르다. 왜냐하면, 상상력은 언제든지 우리가 원할 때, 우리의 능력 내에 있기 때문이다. 그러나 우리가 의견을 형성할 때만큼은 적어도 우리는 자유롭지 않다. 이 때 우리는 참과 거짓이라는 선택을 피할 수 없기 때문이다.

그런데 상상력은 현재 또는 과거의 감각적 지각으로부터 영상을 형성하는 능력인 것이다. 따라서 이러한 제약으로부터 벗어나 있다. 또한 감각 없이 영상을 형성할 수 있다는 점에서 단순한 감각적 지각과 동일하지는 않다. 더군다나 지식을 이끌어 내는 추론적 사고는 경험적 내용을 제공하기 위해 상상력의 작용을 우선적으로 요구한다. 이러한 아리스토텔레스의 상상력에 대한 전통은 이후 많은 철학자들에게 영향을 미치게 된다.

상상력에 대한 홉스의 견해

영국의 철학자 홉스(T. Hobbes)*는 그의 저서『리바이어던(Leviathan)』에서 상상력에 대해 보다 정교하게 언급하고 있다. 인간의 인식과 상상력과의 관계에 대한 홉스의 주장은 인간이 인식을 통해 얻게 되는 경험이 감각에서 비롯된 것이며, 동시에 상상력의 산물이라는

* 토머스 홉스(Thomas Hobbes, 1588~1679). 영국의 철학자. 성악설을 전제로, 각자의 이익을 위해서 사람은 계약으로써 국가를 만들어 '자연권(自然權)'을 제한하고, 국가를 대표하는 의지에 그것을 양도하여 복종해야 한다고 보았다. 그리고 전제군주제(專制君主制)를 이상적인 국가형태라고 생각하였다. 주요저서로는《철학원리》,《리바이어던》이 있다.

▲ 토마스 홉스와 그의 저서 「리바이어던」 원서표지

것이다. 그래서 상상력은 더 이상 천재성과도 같은 어떤 실체가 없는 정신적인 능력이 아님을 지적하고 있다. 그의 입장을 보다 구체적으로 살펴보자. 그에 따르면 인간의 모든 경험은 감각의 대상이나 사태와 접촉함으로써 획득되고, 이러한 경험은 인간 인식의 전제 조건이 된다.

이와 같이 감각에 의해 지각된 것의 총체인 '경험'은 인지과정을 통해 상상력을 불러일으키게 된다. 상상력은 인간의 모든 사고의 연계를 가능하게 하는 기능을 수행하며, 상상력의 기능을 배제한 인간 인식의 과정은 있을 수 없다고 밝히고 있다.

또한 상상력은 기억을 가능하게 하며, 꿈과 환영의 획득 또한 가능하게 한다고 한다. 게다가 인간의 이해의 기반을 제공하기도 하며, 나아가 인간은 상상력의 연계를 통해 예상 · 분별의 능력을 지닐 수 있게 되고, 과거의 사건들을 통해 미래의 사건을 어느 정도 예측할 수 있게 된다고 하였다.

이처럼 홉스의 상상력은 통합된 영상을 획득하고, 기억 안의 과거 감각을 환기시켜주는 기능을 수행하게 된다. 이러한 기반 위에 칸트는 홉스의 '상상력의 경험주의적 해석' 에서부터 상상력의 구조가 어떻게 해서 우리의 객관적 경험을 구성할 수 있으며, 상상력이 어떻게 창조적 일 수 있는지를 설명하는 문제를 고스란히 물려받게 된다.

상상력에 대한 칸트의 견해

칸트(I. Kant)* 는 상상력을 '대상을 직관하는 능력' 이라고 정의하면서, 상상력에 대한 플라톤적 전통과 아리스토텔레스적 전통의 단점들을 보완하고 이 두 전통을 모두 포괄하는 적절한 이론을 제시하려는 과제를 철저하게 수행하고 있다.

플라톤적 전통에서는 상상력을 통제가 필요한 제멋대로의 기능으로 간주해 상상력의 창조적이고 자발적인 양상을 과소평가하고 있고, 아리스토텔레스적 전통에서는 상상력을 불가결하지만 특별히 창조적이지 않은 모든 종류의 경험을 연결하는데 필수적인 과정으로 이해하여 상상력을 천재성을 구성하는 창조적 과정이라기보다는 감각적 기능과 연결된 기계적인 작용으로만 간주하고 있다.

* 임마누엘 칸트(Immanuel Kant, 1724~1804). 독일의 철학자. 서유럽 근세철학의 전통을 집대성하고, 전통적 형이상학을 비판하며 비판철학을 탄생시켰다. 저서에 《순수이성비판》, 《실천이성비판》, 《판단력비판》 등이 있다.

▲ 계몽의 꽃을 피운 임마누엘 칸트

이에 칸트는 영상을 형성하고, 기억에서 영상을 환기하고, 영상을 규칙적 패턴으로 결합하는 능력으로서의 상상력을 설명하는 데에서 멈추지 않고 상상력의 구조가 어떻게 해서 우리의 객관적 경험을 구성할 수 있으며, 상상력이 어떻게 창조적일 수 있는지를 설명하는 데에 이르기까지 확장시킨다.

이렇게 통합적 상상력 이론을 전개하고 있는 칸트에 의하면, 상상력은 직관의 다양성을 정리해주는 것으로서 오성과 함께 대상을 표상하는 기능을 가지고 있다. 이때에 표상이 주관적으로 전달하는 것은 상상력과 오성* 의 '자유로운 유희' 에서 나타나는 감정 상태라는 것이다. 또한, 우리의 경험과 인식에서 의미 있는 통일과 질서가 성취되는 주된 수단이 바로 상상력이라는 것이다.

* 인간의 인식 능력. 넓은 의미로는 사고능력(思考能力)을 말하며 일반적으로 감성(感性)과 대립되는 의미로 사용되지만 협의(狹義)로는 보다 고차적인 인식능력, 혹은 능력 일반으로서의 이성(理性)·정신(精神)과 구별되는 것이라고 볼 수 있다.

칸트는 상상력을 재생적(reproductive) 상상력, 산출적(productive) 상상력, 도식적(schematism) 상상력으로 구분하고 있다. 우선 '재생적 상상력'은 경험적인 것을 바탕으로 여러 가지 표상을 결합하여 다양한 표상을 하나의 인식으로 총괄하는 활동이며, '산출적 상상력'은 선천적 순수 종합을 담당하는 것으로, 우리가 대상을 경험할 수 있게 하는 궁극적 조건을 구성하는 우리 의식의 통합적 구조들이다.

그리고 '도식적 상상력'은 상상력의 실제적 작용에 대한 것으로, 칸트는 경험의 대상이나 대상의 형상이 경험적 개념에 도달할 수는 없으며, 개념은 언제나 상상력의 도식에 관계한다고 말한다.

이제 상상력에 대한 이러한 철학적 논의를 바탕으로 앞에서 다룬 그리스 신들의 이미지 가운데 몇 가지 특징적인 측면들, 즉 시간성, 아버지와 아들의 대립, 이미지들 간의 결합 등에 대해 검토해 보기로 하자.

3. 상상력에 비추어 본 신들의 이미지

크로노스의 상징성

크로노스가 자식을 집어삼킨다는 것은 시간의 영역으로 들어온 모든 것을 집어삼키는 비유이다. 크로노스가 집어 삼킨 것을 제우스가 몽땅 토해내게 하는 것은 무슨 의미인가. 시간을 거꾸로 되돌릴 수 있는 힘, 시간 속으로 들어간 것을 영원히 지속되게 하는 힘이 제우스이고 광명이다. 카오스의 세계에서 코스모스의 세계로 들어오게 하는 것, 시간 속

▲ 낫과 모래시계를 들고 있는 크로노스 像

으로 휩쓸려 들어가는 것을 지속되도록 하는 것이다. 이는 제우스가 크로노스의 아들로서 시간의 영역 속으로 들어가지 않고, 영원한 올림포스 신으로 올라선다는 것을 상징하게 한다.

또 다른 시각으로 살펴보면, 시간의 속성에 대한 알레고리로서 크로노스의 의미를 살펴볼 수가 있다. 시간속에서의 순환성, 즉 탄생에서 시작되어 소멸로 이어지는 생명의 순환고리는 결국 새로운 생명력을 낳게 한다. 이러한 순환은 인간 사회에서의 갈등과 폭력처럼 먹이사슬의 잔혹성을 모두 포함하기도 한다. 자식을 잡아먹는 아비로서의 잔혹함처럼 말이다.

아버지와 아들의 대결

크로노스가 아버지 우라노스를 거세하고, 다시 제우스가 크로노스를 제거하고 집권한다. 이는 현실적으로 결코 받아들이고 싶지 않은 소름끼치도록 무서운 일이긴 하지만, 실제 우리의 삶에서 끊임없이 반복되는 현실이기도 하다. 즉 아버지는 아들이 어렸을 때 절대적인 힘을 행사하지만, 그 아들이 완전한 성인으로서 자립하기 위해서는 아버지의 영향권에서 벗어 나와 독립을 해야 하며, 이를 위해서는 아버지와 아들의 충돌이 필연적이다.

▲ 아버지 크로노스를 죽이는 아들 제우스 (부조물)

삶의 현실을 외면하면 그 어떠한 발전도 해결점도 없다. 하지만 무섭더라도 삶의 현상과 진실을 인정하게 되면 용감하고 당당하게 맞부딪칠 수 있고, 그 결과로서 조화로운 삶을 살 수 있는 길이 열린다.

우라노스와 크로노스 그리고 제우스 등의 신화에서는 이러한 삶의 지혜와 진리를 잘 보여주고 있다. 이에 대해 영국의 철학자 아이샤 벌린(Isaish Berlin)은 다음과 같이 말한바 있다.

상상력과 지성이 살아 움직이려면 그리고 진리에의 추구가 멈추지 않으려면, 모든 가정들은 재검토되어야 하며 전제들은 도전을 받아야 한다. 그래야만 적어도 사회가 살아 움직일 수 있다. 인류의 사상과 문화는 자식과 부모의 충돌에 의해 진보할 수 있으며, 그래야만 새로운 신념체계(문화)를 획득할 수 있다. 진보와 발전은 바로 여기에 달려 있다.

4. 신화의 재발견

신화에는, 심연의 바닥에서 구원의 음성이 들려온다는 모티프*가 있다. 꿈은 우리의 의식적인 삶을 지탱시키는 개인의 심층에 있는 이면에 대한 체험이지만 신화는 공적인 꿈이요, 꿈은 사적인 신화이다.

신화가 현대사회에 들어와서 우리로 하여금 영향을 받게 만드는 이유는 무엇인가. 바로 그리스 신들의 이미지가 우리의 삶 속에 내재해서 상호 충돌하며 관계를 맺고, 그러한 관계 속에서 우리는 신화의 상상력을 원천으로 한 수많은 창의력을 만들어 내고 있기 때문이다.

신화적 이미지가 현대인의 삶 속에서 갖는 의미는 지대하다. 왜냐하면 좀 더 나은 삶을 향해 나아가야 하는 것은 오늘날 우리에게도 필요한

* 창작에서는 우선 소재(題材)가 있고 이것이 주제(主題)에 부합되게 플롯을 구성하여 작품이 완성된다. 작자는 소재로부터 주제를 얻었을 때 작자의 내부에 표현하려는 창작 의욕이 생긴다. 이와 같은 내부충동이 모티프(motif)이다.

것이기 때문이다. 그리고 아테나적 이미지들 같은 것이 신의 옷을 입지 않고, 다른 모습으로 현대생활 속에 나타난다 하더라도 우리는 그 모습을 재발견하면 거기에 끌릴 수밖에 없다. 그 이유는 그것들이 우리 삶 속에 내재한 요소이고, 우리가 깨달아야하는 요소이기 때문이다.

▲ 스타벅스의 초기 로고와 변경된 현재의 로고 (세계적인 커피전문점 스타벅스의 초기 로고는 그리스 신화에서의 님프 '멜루신'을 형상화한 것이다.)

그리스 신화의 철학적 사유

제9주제

철학적 사유로의 이행

1. 신화적 사유와 로고스의 추구

일반적으로 소크라테스 이전 자연철학자들은 종래의 신화적인 사고에서 벗어나 최초로 합리적인 사고를 시작한 철학자들로 알려져 있다.

그들은 초자연적인 요소를 부정했으며, 인간과 우주를 지배하던 제우스를 비롯한 다른 신들의 권능을 '우주론적 질서' 내지는 '존재의 법칙'으로 대치시키며 자신의 이론을 전개하였다. 이들에게서는 자연을 경험적 대상으로서 고찰하려는 경향이 강하게 나타난다.

그러나 그들의 존재론은 거의 공통적으로, 그리고 현존하는 문헌에서 볼 때, '신적(神的)인 것'을 말하며 또한 '신적인 것'과 가장 긴밀하게 연관되어 있다. 그래서 그들은 이를 중심개념으로 사용하고 있음을 확인할 수 있다.

따라서 소크라테스 이전의 철학의 중심 개념은 '신적인 것'(τὸ θείον)이라고 볼 수 있다. 그러나 소크라테스 이후, 특히 플라톤이나 아리스토텔레스의 철학에 있어서 비로소 신학이 독립적인 개념으로 자리매김을 하게 되며, 신에 대한 학문으로서 '신학'이라는 개념이 본격적으로 나타나기 시작한다.

한편, 우리는 이들 자연철학자들보다 먼저 신화론자들이 존재했었고, 이들의 신화는 우리가 흔히 말하는 신화적 세계관 또는 고대 그리스의 종교적 세계관으로 이해한다. 소크라테스 이전과 이후의 철학자들은 신화론자들의 존재설명을 분명히 인식하고 있었고, 그 영향을 직접적으로 받게 된다. 이 말은 곧 자연철학적인 고찰방식이란 이들 신화적 세계관을 극복해 나가는 과정으로 이해할 수 있을 것이다.

그렇다면 이들 자연철학자들이 말하는 '신적인 것'이란 바로 이러한

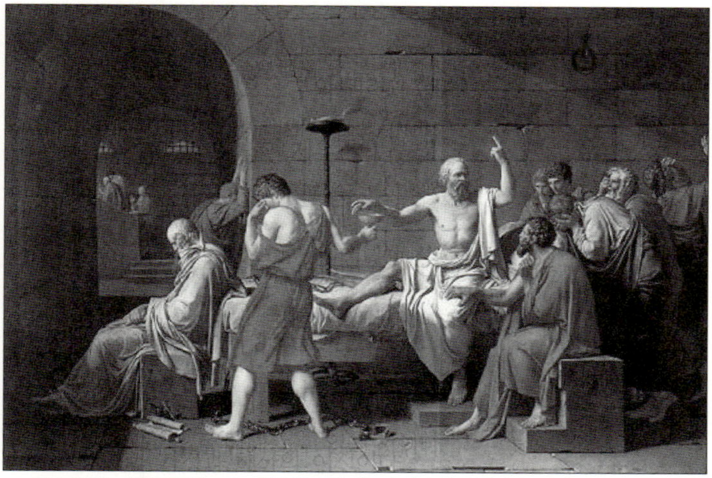

▲ 한손으로는 독배를 받고 또 한손은 하늘을 가리키며 이데아를 설파중인 소크라테스 (자크 루이 다비드 作)

신화적 세계관을 전제로 하는 것임에 분명하다. 또한 자연철학자들이 신화적 세계관을 극복한 것이라고 했을 때, 그들이 말하는 신적인 것은 신화에서 말하는 신들을 의미한다.

여기에서 일차적으로 제기되는 문제는 철학의 발생기원에 관한 문제이다. 철학은 로고스(logos)의 추구이며, 로고스의 추구란 뮈토스(mythos)* 를 거부하거나 극복한다는 의미이다. 물론 철학의 발생기원이 단 하나만의 갈래에 뿌리를 두고 있다고 단정 지을 수는 없다.

그럼에도 불구하고 분명한 것은 철학의 시발점이 이오니아 자연철학자들에게서 비롯되었다고 했을 때, 이들은 최초의 과학자들이었음에 분명하다. 과학이 갖는 방법론의 특징이 보편적이고 본질적인 것에 대한 탐구라고 했을 때, 이는 확실성, 보편성, 객관성 등의 추구라는, 즉 합리성을 전제로 한다.

그들의 탐구 방법 자체가 과학적이었음을 현대 대부분의 과학사가들은 인정하고 있다. 그래서 이들은 자연철학자이면서 동시에 자연과학자라고 불리어지는 것이며, 이들의 탐구영역은 수학, 물리학, 천문학, 의학, 생물학 등 거의 모든 영역을 포함한다.

이렇게 보았을 때, 이들이 추구한 로고스가 철학적 로고스이면서 동시에 과학적 로고스였음은 분명하다. 따라서 자연과학자들이 보는 철학 및 과학의 기원에 대한 문제 역시 결국 신적인 것과 연관되지 않을 수 없는 것이다.

동시에 이들 과학사가들은 바로 이 과학적 로고스 추구의 발생기원에

* 고전(古典) 그리스어에서 역사적 사실의 기록에 대한 허구의 이야기.

대한 견해에서 과학의 발생기원과 관련지어 갖게 되는 기술의 의미를 강조한다. 즉 이오니아의 자연철학자(자연과학자)들이 보여 준 이러한 과학적 탐구 정신의 출현 이전에도 이미 훨씬 오래전부터 인간의 기술은 많은 발전을 이룩했다는 것이며, 이러한 기술적 능력과 지식 그리고 기술적 체험이 과학적 탐구 정신을, 그리고 경험적 사실에 대한 이론까지도 출현 가능하게 만들었다는 것이다.

그들에 의하면 기술은 기본적으로 인간에 의해 만들어지고 발달된 것이며, 기술의 본질은 인간으로 하여금 예나 지금이나 환경 또는 자연을 이해 가능한 것으로 또는 제어 가능한 것으로 만드는 것이라고 본다.*

결국 우리는 이렇듯 과학, 종교, 철학, 이 모든 것이 어떠한 형태로든 불가분의 관계에 서로 얽혀 있는 상황을 전제하지 않을 수 없다. 초기 그리스 철학자들은 과학적, 철학적, 종교적 사고를 꼭 분리해서 보지는 않는다. 그래서 우리는 무엇보다도 먼저 여기에서 문제시되는 신적인 것이 무엇이며, 그 개념 형성의 근원은 어디에 있는가를 알아보고, 또한 그들의 철학적 탐구에서는 그것이 어떤 의미를 가지며, 어떠한 의미 변화를 보이고 있는가를 밝히는 것이 순서일 것이다.

적어도 고대 그리스인이 신적인 것을 이야기할 때의 '신의 개념'은 당연히 그들이 알고 있었던 신화에서 찾아야 할 것이다. 철학적인 사유는 신화적인 사고를 통하여 발전되어 왔으며, 이러한 발전은 신화가 안고 있던 문제에 대한 새로운 상황의 전개인 것이다.

이러한 철학적인 사유와 종교적인 믿음과의 연관성과 관련하여 콘포

* 기술로부터 이론적 탐구와 과학으로의 발전이 이루어졌으며, 최초의 과학자들이 동시에 철학자들이었다는 점에서 볼 때, 철학의 발생기원도 기술에서 찾아볼 수 있다는 견해이다. 그리고 지혜의 본래의 의미는 추상적 사변이 아니라 기술적 숙련이었다는 견해 등은 Farrington, B.(1949), Greek Science, Vol. I, Harmondsworth, 80쪽. Wedberg, A.(1982), A History of Greek Philosophy, Vol. I : Antiquity and the Middle Ages, Clarendon Press, Oxford, p7, 10 참조.

드(F. M. Cornford)는* 철학적인 사유가 종래 신화적인 사고방식과의 갑작스럽고 깨끗한 결별에 의한 것이 아니라, 연속적인 관계에 있음을 지적하고 있다.

예거(W. Jaeger)도 자연철학자들의 사유는 어떤 새로운 의미에서, '신' 또는 '신적인 것'이라고 부르는 개념에 직접적인 영향을 받았으며, "그리스인들의 철학적 신학사(神學史)는 그 연속적인 국면에 있어서 실재 자체의 본성에 대한 그들의 합리적 접근의 역사이다."** 라고 분명하게 말하고 있다.

다음에 살펴보게 될 이 '신적인 것'이라는 개념은 사실상 신화에 등장했던 신들이 이후에 변형된 형태로 나타나게 된다. 이들 철학자들이 '신적인 것'을 말할 때의 이 개념은 제우스를 위시한 올림포스의 신들, 그리고 그들의 종교적, 또는 우주론적 힘과 영향력과 연관된 개념으로 이해되어야 한다는 점이다.

---

* F. M. Cornford(1957), From Religion to Philosophy : A Study in the Origins of Western Speculation(New York : Harper & Row Publishers), 《종교에서 철학으로》, 남경희(역) 1995, 이대출판부. 서문x-xiii쪽 참조. 이하 F.M. Cornford(1957)의 인용은 남경희 교수가 번역(1995)한 페이지에 따른다.

** W. Jaeger(1947), The Theology of the Early Greek Philosophers, Greenwood Press. v쪽 참조.

2. 신화적 사유에 나타난 '신적인 것'

모이라(*Μοίρα*)와 테오스(*θεός*)

그리스 신화에 나타난 올림포스의 제신들은 결코 최고의 힘과 권위를 누렸던 존재는 아니었다. 이 점은 올림포스의 신들 중 최고 권위를 가지고 있는 주신(主神)인 제우스에서도 마찬가지이다. 이러한 결론은, 먼저 말하자면, 그리스 신화가 알고 있는 모이라 때문에 내려지는 결론이다. 신들은 결코 전능한 힘을 가지고 있지 않았다.

그들의 힘을 제한하는 것은 우리가 말하는 자연 법칙이 아니라 운명, 즉 모이라(*Μοίρα*)였다. 이 모이라는 '최고의 질서' 개념이며, '최고의 권위'요, '힘'을 의미한다. 그래서 심지어 신들조차도 모이라의 규제에 복종해야 하는바, 그러한 의미의 최고 질서이다.

우선 호메로스에서 보더라도 제우스를 비롯하여 모든 신들조차도 운명을 거역할 수 없다. '모이라' 라고 불리는 이 운명의 힘은 이렇듯 하나의 명칭을 따로 가지듯이 분명히 존재한다고 생각되었던 것이었으며, 이 개념을 통해 실체화 되었던 그 무엇이다. 이것이 바로 신들의 권위마저도 넘어서는 '최고 권위' 를 의미하는바, 그것은 그리스 신화가 알고 있었던 하나의 최고 개념임이 분명하다.

이러한 최고 개념의 성격은 이후에 '신적인 것' (τὸ θεῖον)에서 다시 확인할 수 있다. 먼저 호메로스가 전하는 신들과 모이라의 관계에 대한 서술을 살펴보기로 하자.

"죽음의 두려운 운명이 신들이 사랑하는 한 인간을 덮치더라도, 그들은 그 인간을 구원하지 못한다." *

"누구보다도 소중한 그의 아들 사르페돈이 파트로클로스의 손에 죽어야만 했을 때에도, 제우스 자신은 이를 '운명' 이라며 탄식하였다." **

"그(제우스)는 감히 운명에 도전하려 하지 않는다." ***

"아무리 신이라 해도 정해진 운명(모이라)을 벗어날 수 없다." ****

* Homeros, Odysseus, iii, 236 참조.

** Homeros, Iliad, xvi, 433 참조.

*** Pindaros, Paean. vi, 94 참조.

**** Herodotos, i, 91 참조.

"프로메테우스는 오케니아드들에게 말하기를, 모이라들과 에리네스들은 필연의 키를 잡고 있고, 제우스는 그들보다 약하진 않다 하더라도 숙명에 의해 공포(公布)된 바로부터 도망갈 수는 없다고 했다." *

그렇다면 모이라(운명)와 신과의 차이점은 무엇인가?

콘포드에 의하면** 운명이란 근대적인 개념처럼 태어나서 죽을 때까지 각 사람에게 귀속되어 있는 개별적 운수 내지는 운명을 일반화시켜 인격화한 개념이 아니다. 고대 그리스에서는 이와는 다른 의미로 '모이라' 라는 개념이 쓰였다. 모이라는 원래 '할당분', '배당된 몫' 을 의미하며, 동사 '모이라조' (μοιράζω)는 '나누어 주다' 라는 의미를 가지고 있다. 이 일차적인 의미로부터 형성된 관념이 바로 운명이다.

모이라는 각 신에게 할당된 고유의 영역, 지위, 특권의 할당을 표상하고 있는 여신이다. 따라서 모이라는 모든 신들 위에 군림하며, 신들의 도덕적 한계***로서 간주되고 있다. 나중에 이 모이라는 제우스와 거의 동일한 의미로 사용되었다.**** 모이라의 원래 의미는 시간적이라기보다는 공간적인 의미를 갖고 있으며, 이 공간적인 성격이 이오니아 과학적 정신에까지 영향을***** 미치고 있다.

그리스의 다신교의 발전의 모든 과정에서, 그리고 합리적인 사유의 단계에 이르기까지 모이라들(μοιρές)은 각각 고유의 생명력을 발휘한다. 그리고 자신의 영역에서는 선의(善意)를 베풀면서 침입자에 대해서는 악의적 반응도 보인다는 생각이 지속되고 있다. 이 생명력은 자신을

* Aeschilus, Prometheus Bound, p527~532 참조.

** F. M. Cornford(1957), p17~18 참조.

*** 《일리아드》에 나타나고 있는 포세이돈의 항의는 어떻게 해서 인간뿐 아니라, 신들도 모이라를 갖게 되었는가를 보여주고 있다. F. M. Cornford(1957), p18~20 참조.

**** R. K. Hack(1969), God in Greek Philosophy to the Time of Socrates, Prinston Univ, p11 참조.

***** F. M. Cornford(1957), p20 참조.

정령들이나 신들, 그리고 인간의 영혼* 으로 변형시킨다는 기본적인 개념 구조가 그대로 남아 있다고 콘포드는 지적한다.**

이 혼란되고 미분화된, 일차적이며 근원적인 힘으로부터 그리스 다신교의 개념들이 분화되기 시작했으며, 다양한 종류의 초자연적 또는 초감각적 존재들이 여러 개념들로 정립되기 시작했다.

'신'의 개념은 한편으로 신비스러운 주술적 힘도 의미하면서, 다른 한편으로는 자연적인 힘을 그대로 지닌 채, 인간사회로부터 자연세계에 투사되어 종교라는 형태로 나타났다는 이해가 가능하다. 인간은 자연현상 속에서 어떤 힘을 발휘하고 행사하는 존재를 신화적 형태로 실체화시키기 시작했으며, 그리고 이 존재들에 차츰 신적인 의미를 부여하기 시작하였다.

더욱이 자연의 영역에서는 예컨대, 바람 · 천둥 등 자연을 움직이는 물리적인 힘들이 우리의 통제력을 벗어나 두려운 존재가 되어 신의 특성과 연관되기 시작하였다. 신의 힘은 이 자연의 힘을 두려워하고 숭배하는 인간의 체험과 더불어 구체화되기 시작했다. 신들은 자신의 모이라의 구현체로, 막연하고 비인격적인 요정 또는 정령으로서 자연의 한 부분에 거주한다. 그리고 그곳에 엄격히 제한되어 있는 힘의 모습을 가지게 되었다.

반면에 이러한 힘, 그리고 지배력을 발휘하기도 하는 질서의 힘은 그대로 인간사회, 인간의 삶, 한 민족이나 (영웅적) 개인의 운명도 결정하고 지배하는 힘으로도 이해되었다. 그래서 이러한 신들의 형성과정은

* 《정신의 발견-서구적 사유의 그리스적 기원》, 김재홍(역) 1994, 까치, p28~30 참조.

** F. M. Cornford(1957), p106~107 참조.

한 민족의 발전과정*과 일치하기도 한다.

콘포드에 의하면 그리스의 신화적 세계관에서 자연의 질서는 애초부터 인간사회와 단절된 것이 아니었으며, 그것은 본래 신적 근원의 것으로 승격시켜진 것이었다. 다음의 콘포드의 견해를 살펴보자.

> 모이라는 애초에 자연과 연속적인 인간사회에서 지고(至高)한 존재였으므로, 모든 인간과 신들의 종속적인 의지 위에 군림하며 자연 속에서 지고한 위치를 차지하게 되었다. 여기에서도 우리는 왜 운명이 도덕적인가에 대한 궁극적인 이유를 발견한다. 즉 운명의 여신은 모레스(μόρες), 곧 이것은 사회적 습속의 한계들을 규정한다.**

또한 그는 철학의 배후에는 종교가 있으며, 종교 뒤에는 사회적 관습-인간집단의 구조와 제도들이 놓여 있다고 하여 우주의 최고의 힘으로서의 모이라가 입헌적 질서로서의 노모스(νόμος)와 밀접히 연관되어 있음을 시사한다. 모이라는 단순히 부족집단의 노모스를 우주 속의 원소들 세계에로 확장한 것 또는 그 세계에 투사한 결과로 보인다. 이러한 것을 우리는 이암블리코스(Iamblicus)가 전하는 피타고라스의 경구에서 엿볼 수 있다.

> 제우스[가 지배하는] 세계에서의 테미스(θέμις)와 그 아래 세계에서의 디케(Δίκη)는 인간의 도시에서 노모스(νόμος)와 동일한 지위와 서열을 갖고 있

* F. M. Cornford(1957), p111~112 참조.

** F. M. Cornford(1957), p61 참조.

다. 그래서 자신에게 부여된 의무를 정당하게 행하지 않는 자는 우주의 전 질서의 위반자로 간주된다.*

결국 세계의 본성에 관한 신화적 믿음들은 종교적 관심과 도덕적 관심, 우주론적 질서 개념과 인간사회의 질서 개념 모두를 동시에 포함한다.

세계의 구조는 그 자체가 도덕적이고 신성한 질서라고 말할 수 있다. 왜냐하면 사회적 발전의 어떤 초기 단계에 있어서 세계의 구조나 운동은 인간사회의 구조나 운동과 연속적인 것으로, 즉 단순한 그의 연장분야는 모이라들로 구성된 하나의 꽉 짜인 직물과 같이 하나의 포괄적인 습속과 터부의 체계 속에 통일되어 있기 때문이다. 자연의 구역들은, 이들이 실제로 인간사회의 구역들과 하나** 이므로, 도덕적 경계에 의해 한정지어져 있다는 것이다.

호메로스에는 우주의 발생과 관련된 신들의 탄생에 관한 기술이 나타나지 않는다. 우주발생론은 헤시오도스로부터 나타난다. 헤시오도스는 신통기에서*** 우주의 발생을 '혼돈'(Χαός)과 '땅'(Χθόνιη)과 '에로스'(Ερός)의 생성과 함께 시작되는 것으로 묘사하고 있다.

혼돈으로부터 '암흑'과 '밤'이 생기하고 그들로부터 타오르는 '불'과 '낮'이 태어났으며, 뒤이어 세계의 세 부분인 '대지', '하늘', '바다'의 분할이 나타났다. 하늘과 대지는 에로스에 의해 결혼하여 결합하고, 이 결혼으로부터 최초의 신들이 태어났다.

이와 같이 헤시오도스에 의하면 우주의 생성은 신들의 생성보다 시간

* Iamblicus, Vit. Pyth. ix, p46 참조.

** F. M. Cornford(1957), p65~66 참조.

*** Hesiodos, Theogony, p116 참조

적으로 앞선다. 따라서 이러한 우주생성의 원리가 이미 모이라에 의한 것이라고 볼 때, 모이라가 이후에 탄생한 신들에 대한 지배권을 장악하고 있음은 시간적 계기에 의해서도 명백히 드러난다.

이렇듯 신에 개념의 형성에서 나타난 그리스 종교는 제우스, 아폴론, 아테나 등의 신들에 대한 신앙으로도 발전할 수 있었다. 고대인들은 이러한 신들을 신앙의 대상으로 삼음으로써 세계와 보다 친밀하게 되고, 자연 세계에 대한 공포도 줄어들게 되었다.

이해할 수 없고 불가사의하며 신비한 모든 것이 간파되어 형상으로 구체화되었기 때문에, 사람들은 어디에서나 더 이상 알 수 없는 맹목적인 힘과 대결하지 않았고, 자기 자신과 비슷하게 감정에 의해 움직이는 의인화된 영적 존재와 대결하게 되었다. 간단히 말해 사람들은 종교를 가짐으로서 이 세계에서 편안해 질 수 있었으며* 결국 신적인 것, 즉 그리스인들에 의하면, "인간이 도달할 수 없는 것"은 모두 맹목적인 운명의 성격을 가진 것이 아니라, 믿음을 가진 사람이 접근할 수 있는 것이었다.

호메로스에서의 '신적인 것'

고대 그리스의 종교적, 신화적 사고는 그리스정신의 선구자인 호메로스의 작품에서부터 찾아볼 수 있다.**

호메로스가 묘사하고 있는 신들에 대한 이야기는 나중에 헤시오도스의 신들이 되었다. 호메로스의 신들은 제우스의 뜻에 복종하면서 세계

* G. L. Dickinson(1967), The Greek Views Life, N. Y ; Macmillan, Co. 《그리스인의 이상과 현실》, 서광사, 박만준 · 이준호(역) 1989, p16 참조.

** Platon, The Republic, 606 e 2~3 참조

내에 일정한 자기 영역에서 각자의 힘을 행사하도록 조정되어 있다.

그러나 호메로스에 있어서 하늘과 땅의 형성 등을 서술하는 우주발생론은 본격적인 주제는 아니었으며, 제우스를 위시한 제신들이 우주형성에 어떤 역할을 했는지에 대한 구체적인 설명도 제시되지 않는다.*

▲ 고대 그리스의 유랑시인 호메로스 (램브란트 作)

우주발생론을 위한 신화는 오르페우스와 헤시오도스, 페레퀴데스 등에 의해 본격적으로 제시되었다.**

호메로스와 같은 신화론자는 자연현상과 인간의 감정이나 일들을 신화에 나타난 의인화된 신들을 통해 설명하고 있다. 신화속의 신들은 단순히 귀족들의 즐거움을 위해서라기보다는 귀족사회의 위계를 합리화시키는데 필요한, 즉 이에 호응하는 이데올로기적 기능을 가졌던 것이라는 해석도 가능하다.

왜냐하면 제우스 주신과 다른 신들 사이에, 그리고 신과 인간 사이에 넘을 수 없는 간격이 있듯이, 이로부터 유추에 근거하여 귀족과 평민이나 하층 계급간의 위계를 하나의 불가침적인 것으로 굳혀 놓으려는 시도가 그리스 신화에 의해 정당화될 수도 있기 때문이다.

인간이 신들의 세계를 넘봄을 오만(ὕβρις)으로 보았듯, 귀족들은 천

*
《철학적 사유 이전의 신화적 사고》, p48 참조

**
헤르만딜스(Diels, H.)와 크란츠(Kranz, W.)는 이러한 이유에서 존재론적, 우주개벽론적 견해를 가지고 있을 뿐 아니라, 또한 초기 그리스 철학의 발판을 구성하고 있는 신화적 사상가들로부터 호메로스를 구분하여 그를 아예 언급하고 있지 않다.

민이 자신들을 넘보는 것 또한 오만으로 보았다.* 그러므로 그들은 그 오만에 대한 응보($\nu\acute{\varepsilon}\mu\varepsilon\sigma\iota\varsigma$)가 무엇인지를 신화를 통하여 보여 주고자 하였다는 이해도 가능한 것이다.

단지 문학적 주제를 형태론적으로 보았을 때, 호메로스의 작품 속에 나타난 올림포스 신들의 행위는 인간의 행위와 다를 바 없었으며, 신들이 하는 일들은 너무도 인간적이었다.** 그리스의 귀족 시인인 '핀다로스'는 신들의 찬가를 다음과 같이 부르고 있다.

사람들과 신들이 각기 혈통은 달리 하였으되, 양쪽 모두 한 어머니로부터 생명을 얻었도다. 하지만 엄청나게 차이를 가진 힘이 인간들을 신들과 갈라놓았도다. 한쪽은 아무것도 아니되, 다른 쪽은 청동의 하늘이 언제까지나 훌륭한 보금자리로 되어주도다.***

올림포스의 신들은 의인화의 산물이라 할 수 있다. 호메로스의 신들은 자연 및 인간 사회의 여러 현상과 인간의 온갖 감정을 그대로 신격화시킨 모습들을 보여준다. 이와 같은 마법의 시대에 그리스 신화가 등장했다는 것은 인간이 합리적인 사고에 한층 근접했음을 의미한다.

이러한 신의 찬미와 다른 신의 특성을 호메로스의 『일리아드』에서는 다음과 같이 나타내고 있다.

"신들이 격심한 싸움에 몰두하여 그들의 마음이 여러 갈래로 분열되었다. 그들

* 《그리스사상의 이해》, 박종현(1982), 종로서적, p11 참조.

** G. L. Dickinson(1967), p52 참조.

*** Pindaros, Nemea, VI, p1~3 참조.

은 굉음을 내면서 서로 부딪쳤고, 그러자 넓은 대지가 진동하였다. 제우스가 올림포스의 신들을 말리자 그를 둘러싼 거대한 하늘의 클라리온이 울렸다. 제우스는 신들의 싸움을 바라보면서 내심으로 기쁜 듯이 웃었다" *

"그의 아버지는 올림포스뿐이다. 그의 부모는 인간이 아니며, 망각이 그들을 잠들게 할 수도 없다. 그들 가운데 강력한 힘을 지닌 신이 한 명 있으며, 그 신은 늙지 않는다." **

우리는 호메로스 작품에 나타난 신화의 이론적 의도를 간과해서는 안 된다. 호메로스의 신은 인간과 다를 바 없으며, 인간 규범에 따를 수밖에 없고, 또 화내고 두려워하며 시기하는 등 모든 감정의 측면을 지니고 있을 뿐만 아니라 그러한 감정에 활기를 불어넣어 방탕하게 함으로서 가장 심한 분탕질을 할 수도 있는 신이었다.

그런가하면 풍요와 결핍, 사랑과 미움, 지혜와 어리석음 등의 반대 개념들이 신의 모습을 쓰고 등장하는 경우, 또한 사태의 원인과 경과를 설명하려 하거나 행위에 대한 책임과 처벌을 요구하는 경우 등은 호메로스 신화의 주요 테마들이다.

이러한 신화적 설명방식은, 그것이 신화의 탈을 쓰고 있지만 분명히 질서에 대한 이해를 전제하고 있으며, 여기서의 신화는 그래서 주제가 되는 개념들의 논리적 관계, 그리고 이런 관계들을 근거로 하는 이론화나 체계화의 노력을 분명히 보여주는 것이 아닐 수 없다. 다시 말하면 이

* Homeros, Iliad, xxi, p385 참조.

** Sophocles, Oidipus Tyrannos, p865 참조

런 형태의 신화 창조는 분명히 설명을 목적으로 한 행위이며, 따라서 이론적 사고가 배태되어 있는 것이다.

물론 호메로스의 작품 속에 나타난 이러한 신관(神觀)을 나중에 크세노파네스와 같은 보다 합리적인 사고를 한 철학자들은 비합리적인 신관으로서 배척하고 있다.

헤시오도스에서의 '신적인 것'

이미 언급한 바와 같이 호메로스의 신화에서는 우주발생론의 문제가 본 주제는 아니었다. 이 문제는 헤시오도스에게서 전면에 나타나며, 그의 신화적 설명의 중심과제가 된다.

헤시오도스는 존재론적이며, 우주론적인 질문을 통해 신들의 계보를 잘 종합하고 분류를 해 놓고 있다. 즉 "어떻게 해서 이 세계가 생겨나게 되었는가?" 또는 "어떠한 요소가 세계의 실체를 구성하고 있는가?" 등의 물음으로서 체계화를 시도하고 있다.*

그에 의하면 가이아와 우라노스는 가시적 세계를 만들어 낸 주요한 요인으로 간주되고 있지만, 세계의 원초적인 근원은 카오스이다. 그는 이 카오스로부터 그의 우주발생론을 시작하고 있지만 이 카오스는 엄격하게 논리적인 의미에서의 제1의 존재는 아니었다.

그것은 단지 우주가 발생하면서 처음 생겨난 것임에 불과하다. 그러므로 그는 태초에 카오스가 있었다고 말하는 것이 아니라, "태초에 카오

* Hesiodos, Theogony, p116~130 참조. 헤시오도스는 기곤(O. Gigon)이 지적하고 있는 것처럼, "무엇이 가장 원초적인 것인가?"에 대해서가 아니라, "처음에 무슨 일이 발생하게 되었는가?"라는 문제에 주요한 관심이 있었다. O. Gigon(1968), Der Ursprung der griechischen Philosophie; Von Hesiod bis Parmenides, 2ed., Basel/Stuttgart, p23 참조.

▲ 헤시오도스*

스가 생기고 그 다음에 가이아가 태어났으며"라고 이야기하고 있다.

그의 신통기에서는, 그 자체는 생성하지 않으면서 다른 것들의 생성의 시작과 원리가 되는 것에 대한 추구가 나타나 있지 않다. 그는 그 문제를 대답하지 않은 채로 남겨 두었다. 왜냐하면 그러한 질문을 그가 피했기 때문이 아니라, 그 질문을 설정하여 해답을 시도할 수 있는 적절한 사고의 틀이 아직 형성되지 않았던 것으로 보이기 때문이다.

헤시오도스의 신통기에 나타난 구체적인 신들의 계보를 살펴보면 다음과 같다.

애당초 처음 태어난 것은 카오스이며, 그리고 이어서 태어난 것은 항상 흔들림 없이 만물의 터전이 되고 넓은 가슴을 가진 가이아이다. 그리고 넓은 길인 대지와 땅속 깊숙한 곳에 습기찬 타르타로스가 생겨났고, 또한 불사인 신들 가운데 이 이상 아름다울 수 없이 수족의 힘을 나른하게 만들고, 모든 신들이나 모든 인간들의 가슴 안에 있는 마음과 현명하게 단련시켜 나가는 에로스가 태어났다. 그리고 또한 카오스로부터 에레보스와 아주 어두 캄캄한 닉스가 태어났다. 닉스와 에레보스 사이에서 헤메라(낮)와 아이테르(푸른하늘)가 탄생 되고,

* 고대 그리스의 서사 시인으로 '이오니아파'의 호메로스와 대조적으로 종교적, 교훈적, 실용적인 특징의 '보이오티아파' 서사시를 대표한다.

가이아는 처음으로 자신과 동등한 크기를 가진, 별들로 가득 차 있는 우라노스를 낳았다. 가이아가 우라노스를 낳은 것은 자신에게 완전히 복종하기 쉽도록, 장차 안전하면서도 영원한 축복을 받은 신들의 주거지가 되도록 하기 위함이었다. 더구나 가이아는 숲 속에서 살고 있는 신들인 님프들의 쾌적한 보금자리가 될 높은 산들을 낳았다. 또한 가이아는 사랑의 행위 없이, 마르는 법이 없는 바다와, 파도와 더불어 부풀어 오르는 폰도스를 낳았고, 우라노스와 잠자리를 같이 하여 깊은 소용돌이를 가지고 있는 오케아노스를 낳았다.*

앞에서 인용한 바와 같이 헤시오도스의 신통기에는 세 개의 우주 산출의 요인들인 카오스와 가이아, 그리고 에로스가 나타나 있다. 카오스는 모든 생성을 그 안에서 가능하게 해주는 그릇이며, 가이아는 모든 사물들뿐만 아니라 생명체가 있는 것들의 굳건한 터전이다. 그러나 에로스는 이와는 다른 특성을 가지고 있다.

에로스는 '생산적인 힘'으로서 결합을 통해서 새로운 상태가 생겨나도록 만들어 주는 힘을 가지고 있다. 그것은 전 우주의 생명뿐 아니라, 인간의 삶에 있어서도 필수적인 요인이다.** 즉 인간도 한 생명체로서 자연과 우주 전체의 모든 생성과정 안에 속하는 존재인 한, 에로스적 힘을 필요로 하고 또한 그 힘의 영향권에 속한다는 이유에서이다.

그의 작품에는 올림포스를 다스리고 있는 모든 신들의 기원이 잘 나타나고 있다. 헤시오도스의 근본적인 가정은 신들조차도 어떻게 태어나고 존재하게 되었는가를 설명하려는 의도에서 출발한 것이었다. 신들이

* DK. [O] (Hesiodos. Theogony. p116 참조)

** O. Gigon(1968), p26 참조.

생성한다는 기본적인 가정은 그 당시 전혀 새로운 사고가 아니었으며, 전설가운데 종종 전제되어 있었다.*

헤시오도스는 신통기에서 제우스와 다른 위대한 의식(儀式)의 신들에 대한 부모와 유년시절을 기록하고 있으며, 또한 우라노스와 가이아의 아들인 크로노스와 레아에 관한 이야기도 기록하고 있다.**

이러한 기록뿐만 아니라, 다른 신들의 세계가 헤시오도스의 신들의 출생계보라고 할 수 있는 '테오고니아'에서 제시되고 있으며, 이와 같은 방법으로 체계적인 신들의 계보가 이루어졌다.

우리는 한편으로 헤시오도스가 하늘과 땅, 그리고 여타 자연의 기본적 요소들을 생성시키는 물리적인 힘들을 신격화시키고 있음을 볼 수 있다. 그에게 있어서 출생은 비록 그것이 생물학적 표현이지만 일반적 의미에서의 생성을 설명하기 위한 개념이었다. 다른 한편으로 바로 이러한 형태의 출생에 대한 설명은 그것 자체로 이미 자연적 존재들에 대한 인과적 설명을 제시하려는 동기에서 비롯된 것이 아닐까?

왜냐하면 '발생론' 자체가 사실은 생성이나 변화현상에 대한 인과적 설명의 한 형태이기 때문이다. 그는 인간과 직접 관련되는 다른 문제들도 제기했으며, 현실적인 문제를 마음속에 품고 있었고, 그에 대한 해답도 신화에서 얻고자 했던 것으로 보인다.*** 이러한 사실은 그의 신들의 계보의 구성에 잘 나타나 있다.

그는『일과 날들』에서 농부들에게 인간의 노동과 노동의 필요성, 그리고 노동이 주는 축복을 가르치고 있고, 수고와 고통의 문제, 그리고 어떻

*
W. Jaeger(1947), p11 참조.

**
헤시오도스의 신통기에서 τέκε, γείνατο, ἐξεγέφνοντο 와 같은 말이 끊임없이 계속되어 사용되고 있는 것을 참조. W. Jaeger(1947), p11 참조.

***
W. Jaeger(1943), Paideia, I, p65 이하 참조.

게 해서 그것들이 인간에게 오게 되었는가를 상세히 설명하고 있다. 또한 그는 철학적인 문제를 전통적인 신화 속에서 해결해 나가고 있다.

태초에 인간이 낙원에서 노동과 노력도 하지 않고 살게 된 경위와, 프로메테우스가 불을 훔치게 된 경위, 그리고 첫 번째 여자인 판도라의 탄생 이후, 이 세상에 슬픔과 책임이 오게 된 경위 등을 우리에게 알려준다. 이러한 내용이 실질적인 의미에서 그의 신학(神學)이다. 왜냐하면 그것이 성경에 제시된 타락의 설명과도 같이, 우리에게 도덕적이며 사회적인 사실들에 대한 인과적인 설명을 제시하고 있기 때문이다.

헤시오도스의 신화 내지 신학적 저작은 한편으로는 인간의 운명을 설명해 주려 했는가 하면, 다른 한편으로 분명히 인간에게 교훈이나 윤리적 교화를 제공하려는 의도가 있었다고 보아야 할 것이다.*

『일과 날들』에서 탐욕스럽고 다투기 좋아하는 그의 형제 페르세스에게 충고하기 위해 이야기를 시작한 에리스(Ερις; 투쟁의 여신)의 가르침은 그의 『신통기』와도 명백히 관련된다.** 왜냐하면 그는 지금 『신통기』의 심술궂은 에리스와 나란히, 이 세계에 있어서 보다 건전한 경쟁들 모두를 다스리는 여신인 선(善)한 에리스를 짝으로서 두고 있기 때문이다.

그리고 헤시오도스의 신들에 나타난 계보적인 특징은 이 세계를 위대한 새로운 빛의 신들과, 태고 이래 어둡고 변덕스러우며, 근본적인 힘들을 가진 신들과의 전쟁터로서 보여주고 있다. 이들 두 집단들이 서로 우월성을 차지하고자 한 투쟁은 드디어 그 절정에 이르고 있으며, 마침내

* 대부분 실제적인 삶과 사유의 문제로의 이러한 시종일관된 신학적 접근은《신통기》와《일과 날들》이 공동저자의 것임을 보증해 준다는 지적으로는 W. Jaeger(1943), p67 참조.

** Hesiodos, Theogony, v, 226 참조.

제우스가 승리를* 거둔 것으로 나타난다.

그러나 대지의 어두운 심연은 패자의 풀리지 않는 독기와 끓어오름으로 여전히 가득 차 있다. 헤시오도스는 제우스의 권위와 그 신적인 정의(正義)에 반대하는 반역자들이 지하 명부로 내쳐져 처벌받는 것으로 묘사하듯이, ** 인간세계의 부정의에 대한 비난에 있어서도 그는 마찬가지 주제로 나타내고 있다.

결국 헤시오도스의 신화는 자연계와 인간세계 모두를 주제로 택하고 있다. 헤시오도스는 우주발생론까지 거슬러 올라가, 우라노스와 가이아를 신들의 왕조의 통치와 연결해 나가고 있다. 이것들 보다 먼저 나온 것이 카오스이다. *** 아리스토텔레스는 자연학에서 카오스를 아무 것도 없는 빈 공간(τόπος)으로 나타내고 있다. ****

신통기의 다른 구절에서도 카오스는 하늘과 땅 사이에서 입을 크게 벌리고 있는 공간을 의미한다. ***** 에피카르모스(Epicharmos)는 카오스가 세계의 시초(始原)를 의미하며, 시원자체인 카오스를 생성된 것으로 말하고 있다. ******

헤시오도스는 『신통기』에서 "처음에 카오스가 생성되었고, 그 다음에 대지가 생겨났다" *******고 말한다. 헤시오도스의 『신통기』는 신의 계보를 제시하려는 것이지만, 그 배후에는 만물의 시원과 발생과정을 설명하려는 의도도 포함되어 있다고 보아야 할 것이다.

그러나 다른 한편으로 그에게는 생성, 변화, 운동을 가능케 하는 힘의 원리를 제시하려는 노력도 보인다. 이를 위한 대표적인 개념이 에로

* 원래 제우스는 빛을 의미하며, 원인의 의미를 갖고 있다. 헤시오도스가 제우스를 세계의 질서를 부여하는 자로서 내세운 것도 결국 일신론을 염두에 둔 것이기도 하다. B. Snell(1955), p94 참조.

** 반역자는 이 아페토스와 클뤼메네의 자식이다(Hesiodos, Theogony, p507 이하). 우리는 그 이야기 끝부분에 있는 메노이티오스, 아틀라스 그리고 프로메테우스의 여러 징벌의 목록에서 나오는 신학적인 과정을 볼 수 있다. 또한 크로노스와 티탄족들의 지하세계로의 추방은, 헤시오도스에 나타나는 도덕적이자 신학적이기도 한 주제이다.

*** Hesiodos, Theogony, p116 참조

**** Aristoteles, Physics, iv. 1, p208b31 참조.

***** Hesiodos, Theogony, p700 참조.

****** Epicharmos, B, 1 참조.

******* Hesiodos, Theogony, p116 참조

스(Έρος)이다. 그는 에로스를 신들 중에 최초의 신으로 언급한다.

세계의 기원에 대한 설명을 시작함에 있어, 헤시오도스에게 에로스는 가장 오래되고 가장 강력한 신들 중의 하나이며 "최초의 한 쌍으로서 같은 연대를 가진 대지와 하늘이고, 이 에로스는 자신의 힘을 통해 사랑으로서 결합한다"* 고 하였다. 헤시오도스의 에로스 개념은 후대의 사유에서도 다시 나타난다.

예를 들면 엠페도클레스는 사랑(φιλία)을 우주적인 힘들을 결합시키는 동인(動因)으로 말한다. 이러한 기능은 헤시오도스의 에로스에 의해 계승된 것으로 보인다. 에로스가 도입되고 있는 점은 전적으로 헤시오도스의 신화적 사고의 주요 특색이자, 그리스 신화론의 한 발전이라고 볼 수 있는 것도 이 때문이다. 전통적인 신화를 해석하고 종합한 헤시오도스적인 형태는, 종래와는 달리 이제 한층 더 새로운 합리적 사고의 형태를 갖는 것으로 보인다.

그는 합리적인 내용을 이전의 신화적인 전통이나 다른 그 무엇으로부터도 끌어오지 않고, 그 출발점을 인간경험에 주어진 현실, 즉 '존재하는 모든 것'(τά ὄντα)에서 찾고 있다. 여기에 사용된 '존재하는 모든 것'이라는 표현은 그 당시, 심지어 그 이후 시대에 이르기까지 우선은 한 가정의 재산이나 소유물을 나타내는 의미로 사용되었다.

'존재하는 모든 것'이라는 말은 또한 철학적인 용어로서 인간 지각의 대상이 되는 모든 것을 포함하는 의미로 폭넓게 사용되고 있다.**

이 개념을 통하여 존재하는 모든 것을 한꺼번에 포괄적으로 지칭하면

* Hesiodos, Theogony, p120 참조

** W. Jaeger(1947), p19 각주2를 재인용.

서, 철학은 새로운 단계에 이르게 되었고, 이것은 신학적 측면에 있어서도 새로운 의미를 가지게 된다. 왜냐하면 헤시오도스는 의인화된 형태로 나타난 신의 개념 속에 '항상 존재하는 것'(αἰὲν ἐόντες)으로서 표현하고 있고, 또한 신들이 영원히 살아있는 것으로서 사유되고 있음을 보여주고 있기 때문이다.

헤시오도스는 신들의 세계에 대한 교훈적인 설명을 신화를 통해 합리적으로 보여주고 있으며, 이후 자연철학의 존재론적인 사유의 발전에 지대한 영향을 끼치고 있다.

오르페우스에서의 '신적인 것'

오늘날 우리에게 전해지고 있는 오르페우스교(教)* 에 대한 내용들은 전적으로 비 그리스적이라 할 수 있겠지만, 반면에 헤시오도스의 영향을 받았다는 측면도 없는 것은 아니다. 오르페우스적인 우주론이나 신들의 기록 등을 기록한 에우데모스(Eudemus)는 오르페우스교(教)가 동방의 영향을 받았다고 기록하고 있다.**

다마스키오스(Damascius)에 의하면, 최초로 신들에 관한 이야기를 한 사람들은 닉스(Νύξ, 밤)로부터 모든 것이 나온다고 하였다.*** 카오스나 닉스는 모든 생성의 시작으로서 불리고 있었으며, 게다가 원생적인 암흑이나 타르타루스로 불리고 있다.

닉스(밤)는 이미 헤시오도스에서 나타나 있지만, 오르페우스에 있어

* 오르페우스가 신의 계시에 따라 창시하였다고 전해지는 고대 그리스의 밀의적(密儀的) 종교. 오르피즘(orphism)이라고도 한다. 언젠가는 죽게 마련인 육체의 속박으로부터 벗어나, 인간의 영혼이 영적 존재로서 불사와 영원의 행복을 얻는다는 것을 기본종지(宗旨)로 하고, 그 목적을 달성하기 위하여 교의(教義)에 바탕을 둔 계율에 따라 엄격한 수행과 특별한 제의(祭儀)를 행하였다. BC 7세기경 디오니소스 숭배에서 파생된 것으로 보이나, BC 6세기에는 아테네를 중심으로 하여 그리스 본토와 남이탈리아 각지로 퍼졌다. 플라톤이나 핀다로스의 저서 등에서도 이 영향을 엿볼 수 있다.

** Damascius, De Princ, p124[i. 319, 8 Rulle], Kern, O. F. 28(Eudemus, frg. p117, Spengel) 참조.

*** Damascius, De princ, p124(DK 1 B 12) 참조.

서는 만물의 시원으로서가 아니라 단지 종속적인 역할에서 도입되고 있을 뿐이다.* 아리스토파네스(Aristophanes)는 자신의 시(詩) 속에서 밤을 내세우게 된 동기를 다음과 같이 말하고 있다.

▲ 동물들에 둘러 싸여 음악을 연주하고 있는 오르페우스

밤이 도입된 이유는, 카오스라는 말이 중성이기 때문이며, 따라서 하늘이나 대지보다 앞서 존재하는 최초의 어머니로서 하나의 여성명사를 필요로 했기 때문이다.**

이와 같은 사실은 오르페우스의 우주발생설에 있어 중요성을 갖는다. 아리스토텔레스는 오르페우스의 신의 계보에 나타난 빛과 대립된 밤의 개념의 중요성을 이야기하고 있다.*** 그는 오르페우스가 이러한 계보를 통해 미완성을 의식적으로 완성 지었으며, 선한 것의 전단계로서 간주하였고, 따라서 올림피아 신들의 나라를 세계 발전의 최정점으로 두었다고 하였다. 오르페우스의 신통기는 신들의 생성을 여섯 세대 만에 완성하고 있으며, 그 마지막 세대를 올림피아 신들로 보고 있다.

우리는 오르페우스의 종교적인 우주론이 이후 자연철학자들에게 영향을 주었음을 지적할 수 있다. 즉 그것은 아리스토파네스에 의해 전해 내려진 신의 계보가 '무한한 것'이라는 철학적 관념에 직접 영향을 주었다는 점이다. 왜냐하면 이와 같은 사실은 다음과 같은 말에서 아주 명백

* Hesiodos, Theogony, p123~125 참조.

** DK. 1 B 12 참조.

*** 밝은 신과 대립된 것이 닉스이다. 밤은 부친(父親) 없이 순전히 자기 자신으로부터 태어난 자손을 가지고 있다. 닉스의 자손들은 예를 들면 질투, 기만, 노년, 싸움, 노고, 기아, 고통, 살해 등이다. 이것들은 단지 생명에 대하여 악의와 적의의 모습을 가지고 있으며, 다른 신들에 대하여 대립적인 관계에 놓여 있다. 이러한 이원론은 나중에 아낙시만드로스, 헤라클레이토스, 엠페도클레스와 같은 철학자들의 (세계의 설명에 대한) 대립이론에 영향을 주었다. B. Snell(1955), p90~91 참조.

해지기 때문이다.

처음에 혼돈(카오스)이 있었고, 거기에 밤(닉스)과 보이지 않는 어두움(엘레보스), 그것들로부터 넓은 황천(타르타로스) 등이 생겼다. 그리고 또한 대지와 아에르와 우라노스도 생겼다. 그 엘레보스의 어리지 않는 마음속에, 또한 검은 날개를 가진 밤이 먼저 최초로 하나의 알을 낳았다. 그 안에서 시간이 가득 참에 따라 지극히 마음이 끌리는 에로스가 생겨났다. 그 등에는 황금색의 날개가 휘날리고……그 에로스가 모든 것을 서로 묶어주기 전에는, 불사의 (신들)의 종족도 또한 없었다. 그것이 처음으로 서로 결합하면서 창공도 대양(오케아노스)도 대지도 먼저랄 것도 없이 신들의 종족이 태어났다.*

최초로 무한한 어두움의 깊은 구렁 속에서 검은 날개를 단 밤이 작은 알을 낳았다. 게다가 이 알에서 계절이 바뀜에 따라 욕정을 불러일으키는 에로스가 탄생했다.**

아리스토파네스는 헤시오도스의 신통기에 있어서 에로스의 중요성을 분명히 강조하고서, 세계기원을 설명하는데 있어서 그는 에로스를 적극적인 원리로서 두었다. 그는 에로스를 밤에 의해 부화된 세계라는 '알'에서 최초로 탄생한 것으로 삼았다.***

세계라는 알과 관련하여 오르페우스의 기록을 전하고 있는 에피메니데스에 따르면, 최초에는 공기($\grave{\alpha}\acute{\eta}\rho$)와 밤($N\acute{\upsilon}\xi$)이 있었다고 하였다.**** 그는 공기를 공허와 같은 것으로 생각하였다.***** 그는 공기가

* DK. 1A 12 (Aristoph. Av. 693) 참조.

** Aristophanes, The Birds, p690 이하 참조.

*** Aristophanes, The Birds, p695 이하 참조.

**** Epimenides, B 5 참조.

***** J. Burnet(1957), p109, p186 참조.

카오스로 대치되고, 아에르(ἀήρ)라는 말은 남성으로서, 중성인 카오스와 여성인 밤이 이제 순수한 남성과 여성인 공기와 밤이 생기게 되었다고 하였다. *

오르페우스는 첫 번째 한 쌍으로서 공기와 밤의 이론을 주장한 헤시오도스와 간단히 결합하여, 공기와 밤의 아이들인 오케아노스와 테튀스라는 두 티탄들을 만들어 냈다. ** 그가 이 새로운 한 쌍인 오케아노스와 테튀스를 가지고 '세계'라는 알을 만들어 내었을 때, 우리는 헤시오도스와 동일한 관점에 서 있다는 인상을 갖는다. ***

세계가 최초로 물에서 생겨났다는 이론의 표현방식은 나중에 탈레스의 철학에 영향****을 준 것으로 보인다. 텅 빈 공간이나 공기, 근원적인 물, 그리고 단단한 대지(τέλρα πίρμα)라는 순서는 이오니아의 자연학적인 설명과 연관성을 보여주며, 특히 필로데무스에 의해 전해진 또 다른 전통에 의하면 에피메니데스의 신통기에 있어 두 번째 쌍은 오케아노스와 테튀스가 아니라 오케아누스와 가이아(Γή)이다. *****

테튀스는 오케아노스의 여성적인 짝이라 할 수 있다. 그것은 마치 포스(Φόως)와 에레보스(Ερέβος), 즉 빛과 어두움이 헤시오도스에 있어서는 헤메라(Εμερα)와 닉스(Νύξ)의 남성적인 한 쌍인 것과 같다. 그렇지만 오케아노스와 가이아는 단지 물과 대지라는 친숙한 원소들이며, 세계라는 알이 이 두 개의 것에서 생겨났다고 하는 것은 세계가 물과 대지에서 생겨났다는 크세노파네스 교설에 양향을 준 것으로 보인다. ******

* 에우데모스에 의하면, 오르페우스 신통기는 밤을 시원으로 한다.(Orpheus, B 12) 또한 Aristophanes의 The Birds, p693의 오르페우스적 신통기의 풍자적인 시문에서는 카오스와 밤에서 시작한다. J. Burnet(1957), p64 참조.

** Damascius, 124(Epimenides, B 5) 참조.

*** 에피메니데스의 B 5에서는 헤시오도스와 호메로스와는 상이한 오르페우스적인 서사시의 형태로 보이는 세계-알이라는 이러한 형태가 발견되고 있다.

**** W. Jaeger(1947), p65 참조.

***** Epimenides, B 7 참조.

****** 만물이 대지와 물에서 생겼다는 크세노파네스의 B 29 참조.

그 밖에도 또한 헬레니즘 시대의 히에로뉘모스(Hieronymus)가 전하고 있는 기록*에도 동일한 특징이 다시 나타난다. 여기에서는 인간이 어떻게 생겨났는가에 대한 물음을 포함하여, 인간이 지니고 있는 이중적인 구조와 원리를 이원론적인 관점에서 신화적으로 대답을 하고 있다. 즉 인간은 제우스에 의하여 처벌을 받은 티탄들의 재를 가지고 만들어 졌음으로, 인간은 두 가지 요소를 동시에 가지고 있다.

즉 디오니소스적인 요소와 티탄적인 요소인데, 전자의 것은 선(善)한 신적인 요소로서 우리의 영혼을 의미하고 있고, 후자는 사악한 세속적인 요소, 즉 육체적인 것으로서 영혼을 가두고 있는 감옥(σέμα)이며 무덤(σόμα)이다. 인간의 내면세계에 끊임없는 갈등과 번민이 있게 되는 것은 다름 아닌 이 두 요소, 신적인 것과 악마적인 요소들의 대립 때문이다.

그러므로 오르페우스교(教)에 있어서 인간의 궁극적인 삶의 목적은 영혼이라고 일컬어지는 디오니소스적인 신적 요소를 육체로부터 해방시킬 때까지 돌보는 일이라고 할 수 있다. 오르페우스교(教)의 구원신앙이나 속죄신앙은 후대 자연철학자들, 그 중에 특히 엠페도클레스의 『정화』**에 다시 등장하는 주제이다.

*
물과 대지를 그의 우주론적 발생설의 제1원리로 한 Hieronymus의 신통기를 참조. ὕδωρ와 γή는 Damascius의 해석이며, 그리고 Hieronymus의 신통기의 신비적인 언어에 있어서는 오케아노스와 가이아이다. 그는 이 부부를 '에피메니데스'의 신통기에서 계승한 것으로 보인다. DK. 1 B 13 참조.

**
W. Jaeger(1947), p129 참조.

페레퀴데스에서의 '신적인 것'

종교와 철학이 구분되지도 분리되지도 않았던 시대적 상황 속에서 아리스토텔레스가 '신학자'라 부른 그리스 철학의 선구자들 중 한 사람이 바로 쉬로스 출신의 페레퀴데스(Pherecydes)이다.*

그는 신화론자였으나, 그럼에도 불구하고 그에게서는 자연철학적 탐구정신이 분명히 드러난다. 그는 기원전 6세기 중엽에 '다섯 개의 동굴'(πεντέμυχος)이라는 글을 남겼다. 이 책에서 그는 우주생성에 대해 겉으로 보면 상상에 기초한 듯한 설명을 전하고 있다.

그는 이 세계를 하나의 전체로서 보았으며, 그 속에 내재해 있는 질서를 해석하려고 시도하였다. 아리스토텔레스가 페레퀴데스의 우주론이 전적으로 신화적인 것만은 아니었다고 전하듯이** 그의 사상은 철학과 신학의 중간에 위치하고 있으며 또한 신화적인 요소와 합리적인 요소를 함께 가지고 있다.

페레퀴데스는 먼저 단편의 처음 부분에서 제우스와 크로노스 그리고 크토니에의 세 신에 대한 언급으로부터 시작하고 있다. 그도 역시 세 영원한 존재가 무(無)로부터 창조된 것이 아니라 애초부터 존재했다는 것***을 보여주고 있다. 이러한 특성을 보여주는 단편을 살펴보면 다음과 같다.

▲ 페레퀴데스 像

* E. Zeller(1971), Grungriss der Geschichte der Griechischen Philosophie, Scientia Verlag Aalen, 《그리스 철학사》, 이창대 (역) 1991, 이론과 실천, p36 참조.

** Aristoteles, Metaphysis 4, 1091. 8 참조

*** 그리스의 신성(神性)은 무(無)로부터 무엇인가(有)를 창조할 능력이 없는 것으로 나타난다. 따라서 그리스인들에게는 천지창조의 역사라는 것이 없다. 그리스 신성은 단지 사물을 고안하든지 혹은 변형하는 행위만을 할 수 있다. 호메로스에 나타난 초자연적인 일은 확고한 질서에 따라 일어난다고 말하고 있는 정도이다. 그뿐만 아니라, 신들이 세속적인 일에 꼭 개입해야만 할 때에도 따라야만 하는 올바른 법칙이 있다. B. Snell(1955), 61쪽 참조.

제우스와 크로노스 그리고 크토니에는 항상 존재하였지만, 크토니에는 가이아(대지)라고 불리었다. 왜냐하면 제우스는 그녀 가이아를 게라스(γέρας, 선물)로서 부여하였기 때문이다.*

이러한 견해는 아에스퀴로스의 잘 알려진 다음의 구절에 있어서 더욱 명백해 지고 있다.

제우스는 에테르이며, 대지이고, 하늘이다. 또한 제우스는 모든 것이며, 아니 이 모든 것보다 더 뛰어난 것이다.**

페레퀴데스는 만물의 시작으로서, 헤시오도스의 카오스 대신에 시간이라는 뜻을 지닌 '크로노스'를 덧붙여 개입시킴으로서 우주 발생에 대한 그 나름의 해석을 시도하고 있다. 여기에서 크로노스는 변화하는 낮과 밤의 공통의 기반으로서 헤시오도스적인 카오스의 의미에 가깝다고 할 수 있다.*** 페레퀴데스는 이 크로노스의 이름 양 옆에 제우스와 크토니에를 적고 있다. 즉, 그것이 바로 제우스, 크로노스, 크토니에이다.

제우스는 삶의 근원으로서 최상의 생산적인 힘을 대변하고 있으며, 크로노스는 모든 변화의 시원적 동인(動因)이고, 크토니에는 시원적인 질료다. 그리고 삶의 원리는 시원적인 질료와 결합하게 되며, 즉 제우스와 크토니에가 결합하게 되고, 가이아와 오케아노스가 만들어졌다는 방식으로 아름답게 묘사하고 있다. 제우스는 크토니에와 결혼하고, 그녀

* DK. 7 B 1 참조.

** Aeschilus, frg. 70 참조.

*** O. Gigon(1968), p30 & DK. 7B 1a. 참조. 그러나 여기에는 스토아 철학자들의 사상이 게재되었을 가능성이 있다.

에게 여러 가지 색깔로 된 커다란 옷을 선물로 주었는데, 그는 이것을 날개 있는, 말하자면 가지가 넓게 퍼진 나무에 펼쳐 놓았다. 이 옷에는 대지와 대양이 그려져 있었다.

또한 이 책에는 세계를 창조하는 에로스에 대한 이야기, 오피오네우스(Οφιονεύς)와 크로노스의 투쟁에 관한 이야기도 들어있다. 웅덩이, 빈 구멍, 문들, 그리고 입구 등을 갖는 다섯 개의 동굴에서 훗날 신(新)플라톤주의자들은 영혼윤회의 비유를 발견하였다.*

페레퀴데스는 제우스와 크토니에가 결합되는 것을 이야기함에 있어 종래의 헤시오도스의 신통기적인 방식과는 달리 전개시킨다. 그는 헤시오도스에 있어서처럼 우라노스와 가이아, 즉 눈에 보이는 하늘과 눈에 보이는 대지를 선택하지 않고, 철학적인 대립을 의미하는 두 개의 보편적인 원리인 제우스와 크토니에를 취하고 있다.

제우스와 크토니에, 곧 이 양자의 결합에 의해 나머지 모든 세계가 존재한다. 제우스(Ζεὺς)라는 말은 '그가 살아있는 것' (ζήν 이라는 말에서 유래하는)이며, 크토니에(Χθονίη)라는 말은 '그녀가 지하에 있는 것' 을 의미하는데, 그것은 확실히 의식이나 신통기의 신들에 의존하고 있지만, 그것들의 표현형식은 보다 새롭고도 깊은 의미를 나타낸다.

여기에서 그는 상징적인 우화를 통해 종교적 사유를 표현하고 있다. 그는 여기에서 제우스를 에테르로 그리고 크토니에를 대지로 해석하고 있다. 이것은 빛과 어두움, 능동적인 것과 수동적인 것으로서 보인다.**

* E. Zeller(1974), p36~37 참조.

** DK. 7 A 9 참조.

이러한 분류 가운데 세 번째인 크로노스라는 명칭은, 그것이 후기 전거에서는 chi(*X*) 대신에 kappa(*K*)로 표기되는데, 이것은 이전에는 하나의 신으로서 등장시켜진 것이었으나* 여기에서는 그 어원적 설명이 보여주듯이 시간의 의미로 변한다. 그러나 이러한 개념변화 또한 철학적인 사유에 의존한 것이다. 왜냐하면 그것은 아낙시만드로스의 우주발생설에 있어서 생성소멸이 시간의 판결에 따라 행해지고 있기 때문이다.

두 번째 단편에서는, 창조자로서 제우스가 어떻게 사랑(에로스)으로 변해서 산출의 목적으로 크토니에를 움직이는가를 기술하고 있다. 여기에서는 제우스가 우주 속에서 서로 적대적인 요소들을 결합시키기 위하여 에로스로 몸을 바꾸었다는 내용이 단편 4에 나타나 있으며, 제우스가 아름답게 수가 놓아진 겉옷(Pharos)을 '크토니에' 에게 선물로 주는 것으로 묘사되어 있다.

페레퀴데스의 철학적 중요성은 '5개의 동굴' 이라는 제목에서도 나타난다. 거기에서 그는 다섯 동굴(μυκoύς)이나 구덩이(βόθρος)에 대해 다루고 있고 게다가 그것을 입구(πύρας)나 문(θύρας)이라고도 부르고 있다.** 이것들의 각각은 불, 수증기, 물 등으로 표시되어 있다.

페레퀴데스는 우주적인 힘들과 지역의 명칭을 이야기하고 있다. 그는 제우스가 나쁜 일을 범하는 신들을 지하로 내치고, 그들을 보레아스의 딸들인 하르피에스와 튀에라의 감시아래 지키라고 명령하는 지하의 영역에 대해 이야기하고 있다.*** 페레퀴데스는 이러한 신들을 다루는데 있어서 전통적인 요소들 가운데 하나인 티탄들의 싸움까지도 우주발생

*
Χρονό 를 Κρονός 와 구별하기 위해 전자는 크로노스로, 후자를 크로노스로 표기한다. 양자의 구분에 대해서는 KR(1983), p27에 잘 설명되어 있다. L. Diogenes, 1, 119 (DK 7 B 1)에 나타난 단편을 살펴보면, 페레퀴데스가 그를 분명히 Χρόνος (크로노스)라고 부르고 있음을 알 수 있다.

**
Damascius, De Princ., p124 (Eudemus, frg. 117), DK. 7 A 8. Porphyrius, De antr. DK. 7 B 6 (Nymph, 31) 참조. Damascius는 πεντέμυκος를 5개의 우주로서 설명한다.

***
DK. 7 B 5(Origenes, Contra cels. vi, 42) 참조.

설적인 시각으로 보고 있다.

이러한 모든 사실들 속에서 우리는 철학적 문제의식의 새로운 단계의 출현을 목격한다. 페레퀴데스의 신화적 세계관 안에는 의심의 여지없이 철학적인 문제의식들을 찾아볼 수 있다. 그는 우주적인 힘들을 가리키는 비유적인 신들을 만들었으며, 그것을 새로운 우주론에 나타나는 자연적인 힘과의 결합으로 이끌고 있다. 그러한 자연주의적인 해석은 그리스의 모든 신들이나 전설적인 영웅들의 묘사들에 보편적으로 나타난다. 이러한 페레퀴데스의 자연주의적인 해석은 아낙시만드로스와 아낙시메네스, 그리고 피타고라스에게 영향을 주었으며,* 이들은 이들대로 자신들의 근본원리를 '신적인 것'으로 지칭하기에 이른다.

결론적으로 페레퀴데스는 신화적 사실과 신적 존재를 서술함에 있어서 이전 신화론자들과는 비교적 다른 관점에서 고찰하고 있다. 그는 하나의 통일된 관점에서 이 세계 질서를 이해하고자 하였다. 아리스토텔레스는 페레퀴데스 자신의 견해를 완전히 신화적인 형식으로만 묘사하지 않은 혼합적인 신화론자로 보았다.**

그는 또한 창조적 힘을 가지고 있는 제우스를 최상의 선과 동일시하였던 인물로 이해하고 있다. 그러므로 페레퀴데스는 신화적인 사실과 신적 존재를 서술하는데 있어서 이전 신화론자들과는 다른 신화와 철학적 사고의 중간적인 위치를 마련하고 있다. 이러한 신화적인 요소와 철학적인 사고가 혼합된 채 어우러져 있는 페레퀴데스의 사고는 나중 철학이 신화적인 요소를 떨쳐 버리게 만드는 기회를 제공하고 있다고 볼 수 있다.

* P. Gorman(1979), Pythagoras : A Life, Routledge and Kegan Paul, p24~31 참조.

** Aristoteles, Metaphysics N 4, 1091b 참조.

그리스 신화의 철학적 사유

제10주제

철학적 사유 속의 '신적인 것'

1. 탈레스의 물(水)

우리는 탈레스, 아낙시만드로스, 그리고 아낙시메네스를 밀레토스 철학자들로 부른다. 그들은 종래의 신화적, 종교적 전통을 벗어나 새로운 세계관에 입각한 우주론을 출발점으로 삼고 있다.

그 당시 신들의 탄생과 우주의 생성에 대한 신화적인 설명은 더 이상 새로운 시대에 부응할 수 없었다. 그들은 새로운 시대에 합당한 우주론을 내세웠으며, 그들의 우주론에는 분명히 철학적 사유의 소산이라 할 수 있는 사유방식과 원리가 들어 있다. 이러한 우주론과 관련하여 탈레스는 인간의 경험적 관찰들로부터 출발하는 귀납적인 방식에 의해서 "물에서부터 만물이 비롯되었다."라는 일반명제를 도출하게 되었다.

그러므로 탈레스는 “이 세계가 무엇으로 구성되어 있는가?”를 묻는 것이 아니라; “이 세계가, 그리고 그 안에 있는 사물들이 어떻게 생겨나게 되었는가?”에 대한 물음을 물었다. 이러한 질문은 그의 제자인 아낙시만드로스와 그 뒤를 잇는 아낙시메네스의 철학에서도 사고의 연속성을 찾아볼 수 있다.

▲ 생명과 우주현상의 근본물질에 주목한 고대 그리스의 첫 철학자 탈레스.

밀레토스 철학자들은 세계에 대한 순수한 인식에 있어 어떠한 신화의 개입도 받아들이려 하지 않았다. 따라서 이들을 아리스토텔레스가 자연철학자(φυσισκοί)라고 불렀던 사실에서 볼 때* 그들은 이미 자연(φύσις)이라는 개념을 가지고 대상을 규정하여 탐구하였으며, 이 때 자연은 무엇보다 신들과는 무관한 자연을 의미했다고 이해된다.

왜냐하면 어원론적으로 볼 때, 자연(φύσις)은 태어난 것, 생성된 것, 스스로 자라고 성장하는 것을 뜻하며, 이것은 따라서 우선적으로는 생물계를, 그리고 더 나아가서 생물계의 존재를 가능케 하는 무생물계 까지도 포함하는 자연계를 의미하기 때문이다. 밀레토스 철학자들이 감각적인 경험을 바탕으로 한 철학자들이라 할 때, 그들은 존재론적 입장을 취한 것으로 보이며, 그것은 명백히 비(非) 신화적이라 할 수 있다.

우주와 자연의 통일성에 대한 믿음은 탈레스를 필두로 하는 밀레토스 학파의 주요한 특징 가운데 하나이다. 탈레스는 우주를 ‘하나의 우

* Aristoteles, Physics, Γ 4, 203 a 16 참조.

주'(ἕνα τὸν κόσμον)*라고 하였다. 하나의 우주라는 의미는 전체로서의 단일한 우주를 의미한다. 탈레스는 모든 사물의 궁극적 본성은 '물'이며, 우주는 살아있고, 영혼을 가지고 있으며, 정령과 신들로 가득 차 있다고 하였다. 이러한 주장에 근거하여 우리는 밀레토스(이오니아) 철학자들을 '물활론자(物活論者)' 라고 부르기도 한다.

아리스토텔레스의 기록에 의하면, 탈레스는 최초의 철학자**로서, 모든 존재의 원리들이 오로지 물질적인 것이라고 생각하고서, "물이 사물들의 본성적 원리"***라고 주장한 것으로 보았다. 탈레스는 귀납적인 방식에 의하여, "만물은 물에서 비롯되는 것이다"라는 일반적인 명제를 유추해 내고 있다.**** 다음은 탈레스의 명제에 대한 아리스토텔레스의 기록이다.

처음 철학을 하였던 사람들의 대부분은 모든 존재의 원리들이 오로지 물질적인 것이라고 생각을 하였다…. 이 같은 철학의 창시자인 탈레스는 그것을 물이라고 말하고 있는데(그러므로 육지가 물위에 떠 있다고 생각했다.), 아마도 그가 이러한 견해를 갖게 된 것은, 모든 사물들의 양분이 습기로 되어 있으며, 따뜻함 자체도 이것으로부터 생기게 되며, 이것에 의해서(그것으로부터 사물이 있게 되는 그것은 모든 사물들의 원리이다.) 존속되는 것을 알게 되었기 때문인 것 같다. 그리고 모든 사물들 속에 들어있는 정자(씨)의 본성이 습기를 가지고 있기에, 그는 물을 습기 있는 사물들의 본성적 원리라고 본 것이다.*****

*
DK. 11 A 13(Aetius, Ⅱ 1, 2) 참조.

**
Aristoteles, Metaphysics A 3, 983b2, 28ff 참조.

***
탈레스는 실재의 다양성을 신화론자들처럼 설명하려 하지 않았다. 그는 자연을 헤아릴 수 없는 카오스의 신비로움이나 밤의 애매함에다 연결시킨 것이 아니라, 경험의 실제성의 원리와 근거에서 자연을 찾고 있다. Robin (1967), Greek Thought and Origins of the Scientific Spirt, New York/Russell, p37 참조. 버넷(Burnet, J.)교수는 Early Greek Philosophy, 2판의 p12에서, 퓌시스는 초기 우주론자들에 의해서 사물들의 본성이라는 의미로 사용되었으며, 아르케는 단지 아리스토텔레스적인 용어라고 본다.

****
아리스토텔레스에 의하면, 탈레스는 종자와 자양물의 본성이 물로 되어 있으며, "따뜻함은 습기로부터 나온다."와 같은 경험 등을 통해 일반적인 명제에 이른 것으로 보인다. Aristoteles, Metaphysics Ⅰ, 983b 22~27. Robin(1967), 37쪽.

*****
Aristoteles, Metaphysics Ⅰ, 983b

만물이 물에서 생겨났다는 그의 통찰력은 비유적인 표현이나 신화적 표현으로 보이지 않는다. 탈레스의 물은 경험세계에서 눈에 나타나 보이는 것으로, 만물이 물의 변화로부터 생길뿐만 아니라 나중에 물로 되돌아간다는 의미를 담고 있다. 이러한 관찰의 결과, 유추에 의해 모든 만물에까지 확장시켰다.*

이러한 만물의 근원(γένεσις)에 대한 탈레스의 주장**은 자연과학적인 동시에 형이상학적인 성격을 띠고 있으며, 바로 신화론적 우주발생론과는 구별되어 나타난다.

예를 들어 탈레스가 탐구한 천체들과 일식에 관한 저서, 나일강의 범람 원인과 지진의 원인을 동일시함, 포에니와 이집트인들과의 접촉의 산물인 수와 기하학***에 관한 연구 등은 종래의 신화나 시에 나타난 지식으로부터 결별을 의미하는 것이다. 이오니아학파 사람들은 이러한 대상들을 새로운 사유방법과 새로운 문화적, 정신적인 태도를 가지고 탐구****한 것으로 보인다.

그러나 이와 같은 귀납주의적인 경험론적 탐구로 말미암아 그들이 신화적인 요소들을 배제시켰다 할지라도, 그 시대는 초자연적인 것이 아직도 당연한 것으로 받아들여졌던 시대였다.***** 자연의 위력이 의인적인 신들의, 가령 제우스나 포세이돈 같은 신들의 행위들에 귀속되었으며, 우주의 기원을 거대한 태초의 신들의 위업으로 묘사한 시대였다.

탈레스는 "모든 것들은 살아 있으며, 영혼을 지니고 있다."고 하였다. 그리고 "모든 것들은 신들로 가득 차 있다."고 하였다. 아리스토텔레스

* 만물의 기원과 본질이 '물'이라고 한 탈레스의 경우는 호메로스가 《일리아드》(제14, 201행)에서 신들의 원천(γένεσις)으로서 오케아노스(물의 신으로서 고대 그리스인들의 세계상에 따르면 평평한 원형의 대지 주위를 흐르는 큰 강을 일컬음)를 이어받았다는 해석은 Snell의 관점이다. B. Snell(1955), p354 참조.

** DK. 11 A 12.

*** 탈레스는 이집트의 경험적·실용적 지식을 바탕으로 하여 최초의 기하학을 확립하였다. '원(圓)은 지름에 의해서 2등분 된다', '2등변삼각형의 두 밑각의 크기는 같다', '두 직선이 교차할 때 그 맞꼭지각의 크기는 같다' 등의 정리(定理)는 그가 발견한 것이다. 또, 닮은꼴을 이용하여 해안에서 해상에 있는 배[船]까지의 거리를 측정하였고, 자석(磁石)이 금속을 끌어당기는 작용도 그의 발견으로 전한다.

**** G. Casertano(1989), "Time, Movement and Death in the Philosophy of the Ionians", IP, p81 참조.

***** Guthrie, W.K.C.(1962), p38 참조.

가 탈레스에 관해 기록한 다음의 구절을 살펴보자.

어떤 사상가들은 영혼이 모든 우주에 침투해 있다고 말하고 있는데, 그것은 아마도 탈레스가 '만물은 신들로 가득 차 있다'는 견해에 근거한 것으로 보인다.*

이와 같이 탈레스는 영혼이 불사(不死)적이며 모든 것은 신성(神性)으로 가득 차 있다는 견해를 피력한 것으로 전해진다.** 그러나 이러한 언급들은 훨씬 후대에 나타난 범신론(汎心論)***이나 당시 종교의 입장과 동일시 될 수는 없다. 불사적 영혼과 신성으로 가득한 세계는 분명히 철학적이며 과학적인 자연탐구의 결과 얻어진 견해로 이해되어야 할 것이다.

이러한 사실은 아리스토텔레스가 전하고 있는 단편, 즉 "만물은 신들로 가득 차 있다."라는 말을 통해 알 수 있다. 플라톤은 이러한 단편을 모든 철학 중에 최초의 말이며, 바로 철학의 정수인 것처럼 인용하였다.****

탈레스는 물과 같은 개별적인 현상을 이용하여 소위 무기물적 세계의 특성에 대한 보편적인 귀결을 끌어내었으며, 이러한 보편적인 원리에다 "만물이 신들로 가득 차 있다."라는 신적인 언명을 통해 그 보편성을 뒷받침한 것으로 보인다. "만물이 신들로 가득 차 있다."라는 말은 "만물이 불가사의한 살아있는 힘들로 가득 차 있다."라는 것과 동일한 의미를 갖는다.

초기 철학자들은 이 세계 내의 유일한 운동 원인을 생명, 또는 영혼을

* Aristoteles, De Anima A. 2, 405a19ff 참조.

** DK. 11 A 22(Aristoteles, De Anima I V, 411a7) 참조.

*** 물활론(物活論)처럼 모든 물질이 살아 있다고 주장할 뿐만 아니라, 더 나아가서 우주 만물에는 정신이 있다고 생각하는 철학상의 학설.

**** Platon, The Laws, 899b ; DK. 11 A 12(Aristoteles, De Anima I. 5, 411a7) 참조.

지닌 물질로 보았다. 아에티우스(Aetius)는 "원소적 습기(탈레스의 퓌시스에 해당하는)의 전체에는 이것을 움직일 수 있는 신적인 힘이 존재한다."* 고 하였다.

아리스토텔레스의 기록에 의하면,** 탈레스는 이 세계 전체가 프쉬케(생명의 힘)로 침투되어 있으며, 그것을 신적인 것으로 생각하였던 것 같다. 이러한 해석은 아직까지 확실하지 않으나, 신들에 대한 신화적인 사유방식과는 다른 면모를 보여주고 있다.

만물이 신적인 것으로 가득 차 있다는 의미는 그리스인들의 상상적인 신앙이 깃들어 있는, 즉 산이나 시내, 나무나 샘에 들어 있는 신들에 대한 언급도 아니며, 더구나 호메로스가 이야기하고 있는 올림포스나 천상의 거주지에 대한 언급도 아니다.

탈레스의 신들은 어딘가 세상을 벗어난 다가갈 수 없는 곳에 거주하는 신이 아니라, 우리의 이성을 통해 관찰 가능한, 우리들을 둘러싸고 있는 친숙한 모든 존재 세계가 신들로 가득 차 있으며 신의 힘의 작용에 의존*** 한다는 의미이다. 그것은 최고개념과 힘의 속성을 보유하고 있는 것으로 보인다.****

따라서 탈레스에 있어서 한편으로 만물은 물로부터, 또는 물에 의해 생성 · 소멸되며, 다른 한편으로 만물은 자체로서 생성 · 소멸하고 운동 · 변화하는 전체로서 살아 있는 존재이므로 생명력을 가진 존재이고, 따라서 신적인 것이라고 보았다고 이해된다.

* Aetius, i. 7, 11 참조.

** J. Burnet(1957), p50~51 참조.

*** W. Jaeger(1947), p22 참조.

**** F. M. Cornford(1957), p155 참조.

2. 아낙시만드로스의 '아페이론'

우리는 탈레스의 철학 속에서 그의 자연철학과 '신적인 것' 과의 연관성을 명확하게 확인할 수 있었다. 이제 우리는 아낙시만드로스의 자연철학적 탐구 역시 아르케의 물음을 통해 어떻게 출발점으로 삼고 있고, 그의 아페이론(무한자) 개념이 신적인 것으로 파악될 수 있을지의 여부에 주목하고자 한다.

아낙시만드로스는 사물의 원질, 아르케를 탐구함으로서 그 안에 내재해 있는 실재에 대한 실마리를 찾고자 하였다. 아낙시만드로스는 질서 정연한 우주를 그리고 있다. 이러한 우주는 일정한 주기에 의해 지배되고, 그 안에 우주적인 대립물들이 대칭적으로 균형을 이루고 있으며, 이

균형은 심지어 비율적인 면에서 지적인 산술의 공식과도 일치한다.*

그러나 그 당시에도 신들의 명칭이나 제사의식은 여전히 지속되고 있었다. 신들의 사라짐은 하나의 공백을 남겨놓은 셈이며 이제 철학자들은 그 공백을 채워야 했다. 따라서 그 자리에 '어디에서부터' 라는 즉 만물의 기원의 문제가 새롭게 나타날 수밖에 없었다.

▲ 최초의 천문학자이며 최초의 진화론 주창자로 알려진 위대한 철학자 아낙시만드로스. 그는 지리학에도 많은 업적을 남겼다.

이러한 만물의 기원의 문제를 탈레스는 단순한 감각적인 경험론적 사고에 따라 세계가 근본적인 물에서 발생하고 영구적인 형태를 갖는 것으로 생각하였지만, 그의 제자인 아낙시만드로스는 보다 더 순수한 논리적인 근거를 가지고 탈레스의 주장을 부정하였다.

아낙시만드로스는 원래 질적인 면에서 한 가지 성질만을 갖는 실체가 어떻게, 가령 불이나 흙처럼 다른 물질의 존재를 가능케 하는지 알 수 없었다. 그는 어떤 사물의 특성을 구별하는 것은 그 자체에만 한정되지 않는 그 무엇이 있어야 함을 깨달았다. 따라서 아낙시만드로스는 이러한 근거에서 아페이론(무한자, ἄπειρον)이라는 명칭**을 붙였다.

사실상, 아페이론이라는 말은 한계가 지어져 있는 원소들의 영역과 구분하여 '한계 지어져 있지 않은 것', 즉 '무한한 것'을 의미한다. 그는 탈레스가 물이라고 칭한 물질로부터 이것을 개념적으로 분리시켰으며 이것을 보다 추상화시켰다. 그가 아페이론이라 부른 것은 바로 추상화

* Mourelatos, A.P.D.(1974), The Pre-Socratics, Anchor Press, New York, p7 참조.

** DK. 12 A 9(Simplicius, in Phys. 24, 13) 참조.

의 노력이었으며, 이러한 노력을 통해 그는 초감각적인 영혼을 지닌 물질과 그것의 감각적 구현체와의 관계를 구분해 내었다.

신적인 것이라는 개념은 이전 종교의 시대, 특히 헤시오도스가 그랬던 것처럼, 다시 한 번 자연 속에서 찾게 되었다. 아낙시만드로스는 의인화된 형태의 신들을 고려하지 않고, 이 형태들을 가진 물질 속에서 신적인 것을 찾았다. 그는 이것을 다시 '퓌시스' 라고 명명하였다. 왜냐하면 그것의 기능이 이제는 신들이 아니라, 우리가 보는 세계의 내용을 채우고 이에 생기를 부여하는 것이었기 때문이다. 이 퓌시스는 '사물들의 본성' 이 되었다.

아낙시만드로스의 퓌시스는 사회적 의식의 표상으로 나타났으며, 그것은 곧 도덕적 성격을 의미한다. 아낙시만드로스의 이러한 도덕적 성격은 신화론자인 헤시오도스가 '인간 행위' 와 '자연' 의 행태 사이에 공감적인 관계에 있다고 보았던 것과 마찬가지로, 아낙시만드로스는 '자연의 질서' 가 '도덕적 질서' 라는 신념을 갖은 것으로 보인다.

모이라가 신들 위에 존재하는 지고(至高)의 존재가 되고, 아낙시만드로스의 철학에서 정의(正義)가 원소들 사이에 경계를 긋게 되었다.* 이러한 아낙시만드로스의 관점을 블라스토스(G. Vlastos)는** 자연적 사건들이 초자연적 사건이라기보다는 '신적인 것' 이라고 해석하고 있다. 이러한 근거를 나타내 주는 단편을 살펴보면 다음과 같다.

그러한 것들[요소]로부터 존재물들이 생성하게 되고, [존재하는 것들은] 그것들

* F. M. Cornford(1957), p7, p86 참조.

** G. Vlastos(1955), 〈Isonomia〉, American Journal of Philosophy 74, The Johns Hopkins University Press, Baltimore, p363 참조.

[요소]에로 다시 필연에 따라 소멸한다. 왜냐하면 그것들[요소]은 [부과된] 시간의 질서에 따라서 그들의 불의로 말미암아, 서로 서로에게 심판 받고 대가를 지불하기 때문이다.*

아낙시만드로스는 퓌시스에 신적인 힘이 있음을 보았고, 따라서 그는 이 영혼을 지닌 물질인 퓌시스가 "모든 다른 존재자들을 감싸 안을 뿐 아니라 지배하는 것"** 으로 보았다.

이 지배는 도덕적인 것으로서, 원소적 영역들의 분여라는 형태를 띤다. 퓌시스의 질서에 따르는 것은 정의이며, 거역하는 것은 불의이다. 퓌시스에는 일정한 질서와 정해진 운명이 있다. 아낙시만드로스는 '필연에 따라' (κατά τό χρεών) 온 · 냉 · 건 · 습이라는 대립적 요소들이 분리된다고 보았다. 이 필연의 법칙을 이끄는 것이 아페이론이다.

신플라톤주의자인 심플리키오스(Simplicius)가 저술한 아리스토텔레스의 자연학이라는 주석의 증거자료에 따르면, 아낙시만드로스는 아페이론을 아르케(ἀρχή) 내지는 원리로서 말한 최초의 사람이었다. 다음의 자료를 살펴보자.

"탈레스의 후계자이자 제자인 밀레토스 사람 프락시아데스의 아들 아낙시만드로스는 일자나 운동자 그리고 무한자를 논한 사람들 중에서, 존재자의 아르케나 원소를 아페이론으로 해석하고, 이 아르케라는 명칭을 도입했던 최초의 사람이다."***

* DK 12 B 1. 단편 1의 원문 참조.

** DK. 12 A 15(Aristoteles, Physics γ 4, 203 b 6) 참조.

*** DK. 12 A 9 참조.

> "거기에서 아낙시만드로스는 탈레스의 학도가 되었다. 밀레토스사람인 프락시아데스의 아들 아낙시만드로스… 그는 지금 존재자의 아르케나 원소를 아페이론으로 해석했다. 그는 아르케라는 명칭을 사용했던 최초의 사람이다."*

아리스토텔레스에 따르면, 무한자의 개념과 시원(始原)의 개념과의 관계는 일시적인 의미에서 상호 배타적이다. 그는 "만물은 어떤 시원이 있거나 근원을 가지고 있다. 그러나 무한정자는 시원이 없다. 그렇지 않으면 거기에는 한계가 있을 것이기 때문이다."라고 말하였으며, 여기에서 무한정자 그 자체가 원리이거나 시원이라는 명제는, 바로 이 개념의 내용 때문이다. 무한정자만이 절대적 시원의 개념이 함축하고 있는 요구를 만족시킨다. 왜냐하면 그 자체는 한계가 없으므로 시간적인 시원이 없기 때문이다. 따라서 아리스토텔레스는 아페이론의 가장 중요한 성격을 시원의 개념에서 유도해 나가고 있다.

> 근원으로서 그것은 생성되지도 않고 소멸될 수도 없는 것임에 틀림없다. 왜냐하면 생성된 것은 필연적으로 마지막이 있으며, 마찬가지로 소멸하는 것은 모두 끝이 있음에 틀림없기 때문이다. 따라서 우리가 이미 살펴본 것처럼, 아페이론 자체는 근원도 없고, 오히려 다른 모든 것의 근원이다.**

그는 모든 생성을 낳게 한 무한정자에 대해 신적인 특성으로 '불멸하는'(ἀθάνατον) 이라든가 '파괴할 수 없는'(ἀνώλεθρον) 이라는 형용

* DK. 12 A 11(Hippolytus, Ref. i. 6, 1~7) 참조.

** DK. 12 A 15(Aristoteles, Physics Γ. 4, 203b6) 참조.

사를 적용시킨 사람이었다. 여기에서 우리는 아낙시만드로스가 말하는 신적인 것의 특징이 어떤 것인가를 알 수 있다.

아낙시만드로스는 무한정자의 개념을 도입하고 그 결과에서 나타나는 한정을 의미하는 페라스를 부정함으로서, 자기의 우주론의 시원에다 시작을 갖지 않는 어떤 것을 놓고 있다. 그의 단편에 따르면(그것은 간접 인용의 형식에 보존되어 있는데), 아페이론에서 모든 만물이 생기고, 만물은 거기로 돌아간다.* 따라서 존재하는 모든 것 속에 시작(ἀρχή)과 끝(τελευ- τή)이 존재한다.

유사한 사상으로 잘 알려진 오르페우스 시(詩)에 "제우스는 시작이고, 중간이며, 끝이다."라고 표현되어 있다. 이 오르페우스 시의 작가는 신의 기원과 관계한 것이 아니고, 오히려 신의 영속성이나 존재와 관계하고 있다. 우리는 아낙시만드로스의 단편 15에 나타나 있는 아페이론의 존재론적인 고찰을 통하여 신적인 의미가 어떻게 드러나고 있는가를 알 수 있다.

정신(νοῦς, 아낙사고라스)과 사랑(φιλία, 엠페도클레스)처럼, 아페이론 이외의 다른 어떠한 원인도 둘 수 없다고 생각하는 사람들이 이야기하고 있는 것처럼, 그것은 모든 것을 포함하고 모든 것을 지배한다. 그들이 말하고 있는 것처럼, 이것은 신적인 것이다. 왜냐하면 그것은 아낙시만드로스나 자연철학자들의 대부분이 이야기 하고 있는 것처럼, 그것은 불사적이며 불멸하기 때문이다.**

* DK. 12 A 9 참조.

** DK. 12 A 15(Aristoteles, Physics, 206b6) 참조.

아낙시만드로스의 아페이론은 원래 '한계가 없고', '제한이 없으며', '무궁무진하다'는 의미를 가짐*과 동시에 무규정적인 것으로서 불멸, 불사하는 올림포스의 신들과 같은 '신적인 특성'**을 지닌 것으로 아리스토텔레스는 해석한다. 그리고 아페이론은 또한 질료적 근원에 대한 주체를 의미한다. 그렇지만 아낙시만드로스는 아리스토텔레스처럼 질료로서의 존재와 형상으로서의 존재를 구별하지도 않았고, 그의 아페이론은 단지 질료처럼 형상에 의해 포함되어 있는 것으로 보지 않았다.

오히려 그의 아페이론은 모든 것을 포함하고 모든 것을 지배하는 것이고, 어떤 활동적인 것, 참으로 이 세계에 있어 가장 활동적인 것이다. '지배적인'(κυβερνάν)이라는 말이나 '포함하는'(περιέχειν)이라는 말은 바로 소크라테스 이전 철학에서 최고원리의 활동을 기술하는 것으로서 반복하여 사용되고 있는 술어였다.***

그 후 플라톤 자신이 『필레보스』편에서 설명하고 있는 것처럼, 이 말들은 후기 철학자들의 용어로 바뀌어 갔다. 아낙시만드로스는 철학적인 저술을 산문체로 기록한 최초의 사람으로 그 방식을 찬가풍으로 나타내고 있다.

'신적인 것'(τὸ Θείον)이라는 말은 형용사를 명사화시켜 거기에 정관사를 붙여 나타낸 말이다. 이 말은 독립적인 개념으로서, 종교적 배경으로부터 형성되었으나, 아낙시만드로스에 있어서는 더 이상 신이 아니라 합리적인 원리인 무한한 것과 동일하게 나타난다.

그리스 철학에 있어 새로운 기원을 열고 있는 이 표현법은, 다른 소크라테스 이전 철학자들과 그 후기 철학자들에 있어서 우리가 종종 마주

* DK. 12 A 15. Guthrie, W.K.C.(1962), Vol. I. p83~86 참조.

** Aristoteles, De caelo 5, 203b10 참조.

*** DK. 12 A 15(Aristoteles, Physics 4, 203b11) 참조.

치는 유사한 명제에서도 분명히 알 수 있다. 자연세계를 탐구하는 그들에게 이것은 하나의 최고 개념임에 틀림없다.

예거(W. Jaeger)는 신적인 것이라는 그와 같은 개념이 아낙시만드로스 이전에는 어디에도 나타나지 않는다고 하였다. 그 후, 헤로도투스와 비극시인들의 시대에, 신적인 것이라는 개념이 '신들'이라는 말로 자주 대치되어 사용되었고, 마찬가지 그 시대에 우리는 종종 단순한 '신'이라는 것과 마주치고 있음을 보게 된다.*

하지만 그러한 일반적인 어법에 있어 여전히 이오니아 철학의 최초의 시기에 대해서는 아무런 언급이 없다. 그러므로 '신적인 것'이라는 표현이 최초로 나타난 것은 아주 주목할 만하다. 우리는 이미 앞에서 헤시오도스의 신학이 다양한 종류의 신들을 받아들이고 있는 동안에도 그는 또한 아직 신들의 본성에 대해서는 묻고 있지 않음을 살펴보았다.

그런데 신적인 것이라는 일반적인 개념을 첫 번째로 사용한 사람이 바로 아낙시만드로스이다. 무한한 것(아페이론)이 "모든 것을 포함하고 모든 것을 지배한다."고 말할 때, 그는 종교적인 사유가 태고 때부터 신성이 추구하고 있던 숭고한 요구를 만족시킨다. 왜냐하면 그것은 최상의 힘과 지배를 낳는 자로 보이기 때문이다. 더군다나 고대 시인들과 동시대의 종교적인 신앙이 불사라는 것을 모든 신들에게 공통된 뚜렷한 특징으로 간주했기 때문이다. 우리는 아낙시만드로스의 아페이론의 불멸성을 논증하는데 있어서 실제로 어떤 것이 불멸한지, 그리고 그것을 왜 신적인 것으로 불렀는지를 그의 단편을 통해 살펴볼 수 있었다.

* W. Jaeger(1947), p31 참조.

3. 아낙시메네스의 '공기'

아낙시메네스는 아낙시만드로스의 퓌시스가 가설적 존재라는 진리에 접근하기는커녕, 그의 아페이론이 퓌시스를 구분해 내지도 못한 것으로 보았다. 그리하여 그는 퓌시스의 구현체로서 탈레스의 물 대신에 공기(ἀήρ)를 내세워 개념적 명료성을 보여주고 있다.

아낙시메네스는 무엇보다도 질적인 변화가 불가능한 아페이론과 같은 제일의 실체로부터 어떻게 질적으로 다양한 사물들이 생겨날 수 있는지에 대하여 의문을 가진 것으로 보인다.*

따라서 그는 공기를 통하여 '어떻게 해서 하나로부터 나오는 모든 사물들이 동일한 것으로 용해되는가'를 보여주고 있다.** 그리하여 그는

* F. M. Cornford(1957), p179 참조.

** 아낙시메네스는 공기의 단일한 원리에 의해 모든 다양한 현상을 설명하고 있다. Robin(1967), p44 참조.

아낙시만드로스의 아페이론을 멀리하고, 모든 사물들에 대한 아르케를 공기에서 찾았다.* 공기는 근원적인 실체로서, 물질의 기본 형태일 뿐만 아니라, 신성을 지니고 있으며, 우리들의 영혼과도 깊은 관계를 가지고 있다.

▲ 밀레토스 철학의 마지막 철학자 아낙시메네스

아낙시만드로스에게 있어서 질적 차이는 궁극적인 것이었고, 그의 아페이론은 모든 성질들의 완벽한 용해 상태였으며, 이로부터 모든 것들이 분리되어 나온다. 아낙시메네스는 모든 변화와 변형을 '희박화와 농축화'의 과정으로 환원함으로써, 우리가 질적인 차이라고 부르는 바의 기저에 있는 사실은 단지 양적인 차이로서 그것은 동일한 장소에 동일한 질료가 많고 적음에 불과하다고 보았다.**

이와 같이 그는 질적인 차이를 제거함으로써 엄청난 단순화를 이루었다. 공기가 근원적 실체이며, 물질의 기본 형태라는 것과, 그리고 그것은 신적인 특성을 지닌 공기로서 묘사된다. 이전 밀레토스 철학자들과 마찬가지로 아낙시메네스가 '공기'를 '신적인 것'으로 부른 근거는 무엇인지 다음의 신적인 특성을 지닌 단편을 살펴보자.

"아낙시메네스는 공기는 신이라는 것, 그리고 공기는 존재로 되며, 측정할 수 없고 무한하다는 것, 그리고 그것은 항상 운동하고 있다고 생각하였다. … 공기는 형태가 없이 신이 될 수 있거나 또는 생성되는 모든 것이 소멸되는 것은

* C. Bailey(1928), Greek Atomists and Epicurus, p17. Guthrie, W.K.C.(1962), p116에서 재인용.

** DK. 13 B 2(Aetius, i. 3, 4) 참조.

아니다." *

"아낙시메네스는 공기를 '신적인 것'이라고 말했다. … 이와 같이 말하여진 요소들 또는 물체들을 관통하는 힘들에 대해서 주의하지 않으면 안 된다." **

"그는(아낙시만드로스) 아낙시메네스를 제자이자 후계자로 남겼다. 아낙시메네스는 사물들의 모든 원인을 무한한 공기에다 규정하였고, 신들을 부인하지 않았거나, 혹은 그에 대해서 말하지 않았다. … 그렇지만 그들(신들)에 의해서 공기가 만들어진 것이 아니라, 그들이 공기로부터 나왔다고 믿었다." ***

위의 단편에서 보듯이 아낙시메네스는 공기를 세계의 숨으로 보았으며, 영원히 살아 있음으로 인하여 공기가 신적이며, 만물의 근원이라고 생각하였다. 그리하여 그는 공기를 신성과 관련시키고 있으며, 인간의 영혼과도 관련시키고 있다. 따라서 아낙시메네스는 신이나 신들이 원초적인 공기로부터 존재하게 되었다고 주장한다.

아낙시메네스의 기록을 전하는 히폴리토스도 그와 관련하여 "신들과 신적인 것들이 공기로부터 나온다." ****고 분명하게 언급하고 있다. 그는 인간의 영혼이 '신의 작은 일부분'이라고 말함으로써 신은 우주이고, 또한 우주 역시 살아있는 것으로 생각하고 있다.

아낙시메네스는 신적인 것을 '신'이나 '신들'과 구분하고 있으며, 세계 속에 있는 신들이 진정으로 '신적인 것'이라 할 수 있는 공기로부터

* DK. 13A 10(Cicero, de natura deorum I, 10, 26) 참조.

** DK. 13 A 10(Aetius I, 7, 13) 참조.

*** DK. 13 A 10(Augustinus, de civ. dei VIII, 2) 참조.

**** DK. 13 A 7(Hippolytus, Ref. I, 7, 1) 참조.

나오는 것이라고 생각한 것 같다. 그리고 이 공기는 헤라클레이토스의 불의 에테르와 대비되는 것으로서 인간과 세계를 둘러싸고 지배를 하는 것으로 보았다. 공기가 신적인 것 혹은 신이라 본 것은 자연적 원소로서가 아니라 바로 '영혼을 지닌 물질' 로 보았기 때문이다.

'영혼을 지닌 물질' 이라는 점에서 그것은 아낙시만드로스와 동일한 형이상학적 지평위에 있다고 하겠다. 이것으로부터 아낙시메네스는 "존재하며 존재했었고 존재할 모든 것들, 그리고 신들과 신적인 것들이 발생하며, 반면 다른 것들은 이것의 자손들로부터 생성된다."* 고 하였다. 이러한 측면에서 아낙시메네스의 퓌시스는 형이상학적인 성격을 갖는 것으로 보이며, 그것은 자연적 원소가 아니라 단지 그러한 것과 혼동되어 있었으며, 신과 영혼에 속하는 속성들을 보유하고 있는 것임을 알 수 있다.

* DK. 13 A 7(Hippolitus, Ref. I, 7) 참조.

4. 에필로그 – 신화적 사유에서 존재론적 사유로의 이행

우리는 호메로스와 헤시오도스로부터 페레퀴데스에 이르기까지 그리스인들의 의식에 나타난 신(神)의 개념이 퓌시스와 정령, 그리고 영혼개념과 더불어 철학이 시작되기 이전의 종교적 표상으로부터 어떻게 형성되어 왔는가에 대해 살펴보았다.

앞에서 살펴보았듯이, 이들 신화론자들과 이후 자연철학자들과의 관계는 우리가 소박하게 생각하는 그 이상으로 이후 자연철학자들의 우주론적, 존재론적 사유의 기본 바탕을 이루고 있는 '신적인 것'의 토대를 제공하고 있음을 알 수 있다.

신화론자들에게서 살펴본 바와 같이, 모든 개별적인 힘들은 그것이

의인화된 것이든 신적인 것이든 간에 모이라에 종속되어 있었다. 이 모이라는 최고의 권위와 힘을 상징하고 있으며, 이 힘을 통해 올림포스의 신들까지도 지배하면서 여러 제신들의 배후에서 생명력으로서 작용하고 있다. 이 모이라는 바로 신들의 권위마저도 넘어서는 최고 권위이자 하나의 최고 개념으로 확인된다.

그런데 올림포스의 신들은 인간의 필요를 충족시켜 주지 못했다. 신들의 지배 영역으로 생각되던 자연은 이제 그 지배로부터 벗어나 인간의 탐구 대상이 되기에 이르렀다. 따라서 설명의 대상이던 자연은 이제 철학의 탐구 대상으로 바꾸어지게 되었다.

모이라가 신들을 지배했듯이, 철학은 모이라에 상응하는 외적 자연, 즉 퓌시스의 문제를 관심 대상으로 삼기에 이르렀다. 초기 자연철학자들은 퓌시스의 모든 변화를 지배하는 근본 원리를 내세우기에 이르렀으며, 그들은 그들의 존재론적인 기본 바탕을 이루고 있는 '아르케' 와 더불어 '신적인 것' (τὸ θεῖον)이라는 최고개념을 적용시키게 되었다.

이렇듯 우리는 최고 개념으로서의 '신적인 것' 이 초기의 자연철학자들에 의해서 그들의 철학적 내지는 존재론적 자연탐구에 적용되었다는 사실을 알 수 있었다.

우리는 먼저 신화와 철학이 가지고 있는 '신적인 것' 이라는 최고 개념의 의미의 변천 과정 속에서 사고의 연속적인 관계를 살펴볼 수 있다. 따라서 신화와 철학 모두는 서로 밀접한 관계를 가지고 있다고 볼 수 있다. 철학은 신화가 갖고 있는 신과 영혼, 운명, 처벌, 보상 등의 개념을 신화–종교적 사상가들로부터 물려받아 자신의 영역에 편입시켜 독자적으로 발전시켜 왔다고 할 수 있다.

초기 그리스 철학자들은 이러한 개념들을 추상적인 존재론적 언어로 표현하기 시작하였다. 철학은 추상적인 언어를 바탕으로 '실체'(οὐσία)라든가, '존재'(ὄν), '원인'(αἰτία), '질료'(ὕλη) 등의 용어를 사용하였다. 이러한 개념들은 종교적 용어의 의미와는 분명한 차이가 있다.

종교는 자신의 영역에서 비합리적 접근을 허용하지만, 철학은 종교의 영역을 다루면서도 합리적이지 않는 접근 태도를 배격한다. 하지만 이들 철학적인 개념들이 형성하게 된 근본 동기에 있어서는 다분히 종교적–신화적 사고에 힘입었다고 볼 수 있다. 이러한 의미에서 철학적 사유와 종교적 사유와의 관계는 연속성이 있다고 말할 수 있겠다.

물론 이러한 철학적 사유에는 과학사가들이 이야기하는 과학적인 정신도 포함되어 있다. 그런데 철학적 사유와 종교적 사유와의 연속성은 원시적이며 신비적인 종교적 요소와 철학의 합리적 요소를 비유적인 등치(等値)관계로 놓을 수 있다는 뜻이 아니다. 단지 철학은 주요한 종교적인 개념들을 철학적인 방식으로 설명해 나가면서 자신의 독자적인 영역 안에서의 고유한 용어로 만들어 나갔다는 의미이다.

하지만 비록 우주론과 인간에 대한 그들의 존재론적 탐구가 종교적이며, 신화적인 형식을 떨쳐버리고 있다 하더라도, 그들의 존재론적 사유의 저변에 깊숙이 깔려있는 신적인 것, 또는 신성에 관한 문제는 도외시할 수 없으며, 또한 거기에서 철학적 사유의 발전으로 나아가게 해주는 역할을 하고 있다.

밀레토스 철학자들은 신화적인 사고방식에 벗어나, 종래의 사고와는 다른 퓌시스와 '존재하는 것' 들에 대한 탐구를 발판으로 하여 세계에 존재하고 있는 사물들이 어떻게 생겼는가를 묻기 시작하였다. 그에 대한 대답으로 탈레스는 "만물의 근원은 물이다."라고 하였고, 그와 더불어 "만물은 신들로 가득 차 있다."는 주장을 하게 되었다.

그의 철학에 나타난 이러한 '신적인 것' 은 종래와는 다른 합리적인 생명을 지닌 힘으로서, 신적인 힘의 작용에 달려 있는 것으로 추정한 것 같다. 그의 뒤를 잇는 아낙시만드로스는, '무한정자' 를 신적인 것으로 생각하여 그것에 신성과 불멸성과 영원성이라는 전통적 속성을 부여하였다. 그리고 그는 무한정자에다 헤시오도스의 제우스처럼 정의를 수호해 줄 강력한 도덕적 지위를 부여하였다.

심플리키우스가 전하는 바에 따르면, 그는 아낙시만드로스와 관련된 단편 1과 관련해서 "정의(正義)란 우주를 구성하는 요소들이 서로 침해하지 않는 일이요, 이러한 요소들의 평등성이 우주를 정의롭게 하는 원리"라고 하였다. 이러한 아낙시만드로스의 우주론은 헤시오도스 등에서 나타나는 신화적 또는 통상적인 우주론의 전통과 동등하다* 고 보겠다. 그래서 블라스토스는** "아낙시만드로스의 우주론은 그 중요한 계기로서 평등성과 함께 심미적인 대칭의 의미로 고안 되었다."고 말하고 있다.

그의 후계자인 아낙시메네스는 '공기' 를 '신적인 것' 으로 보았으며, 만물의 근원으로 보았다. 따라서 그는 신이나 신들이 원초적인 공기로

* 예컨대 《일리아드》 14권에서 하늘과 바다, 그리고 음침한 어두움은 동등한 것으로 보는데, 그 이유는 그들을 지배하는 각각의 주인이 지위와 그 몫에 있어서 동등하기 때문이다. 그리고 헤시오도스의 신통기에서는(Theogonia, 126) 하늘과 땅이 동등한 것으로 묘사된다. G. Vlastos(1970), Equality and Justice, p71. 김내균 (1991), 《소크라테스 이전 철학자들의 正義 개념에 대한 고찰》, p6 참조.

** G. Vlastos(1970), p71 참조.

부터 비롯되었다고 하였으며, 세계 속에 있는 신들이 진정으로 '신성한 것' 이라 할 수 있는 공기로부터 나오는 것이라 생각한 것 같다.

그들은 종교적인 언어를 피하고 또한 자신들 시대의 신인동형동성설(神人同形同性說)을 완전히 버리면서도, 자신들의 근원적인 원질에 대해서는 신이라든가 '신적인 것' 이라는 최고개념을 적용하고 있음* 을 보게 된다.

따라서 이러한 만물의 아르케 속에 내재해 있는 '신적인 것' 의 문제가 이오니아학파의 세계구조에서 결코 떨쳐 버릴 수 없으며, 합리적인 사유를 바탕으로 한 철학이 신화적인 것과 어떻게 관계되는지의 연관성도 묻지 않을 수 없다. 철학은 신화적인 사고를 통하여 발전하여 왔으며, 이러한 발전은 신화가 안고 있던 문제를 당연히 변형된 형태로 문제를 제기하였다는 점에 기인하기 때문이다.

우리가 살펴본 바와 같이, 이오니아 사상의 근본 바탕에는 '근원적인 것' 과 '신화적인 것' 이 그 바탕을 이루고 있음을 알 수 있다. 결국 인간과 자연이 서로 분리되어 이해될 수 없는 신화적 사고의 기본 관점에서 출발하고 있으며, 그들의 철학적 사유가 신화시대로부터 꾸준히 그 접근방식과 형태를 달리하면서 전개되고 있음을 알게 된다.

버넷(Burnet)과 같은 고전 연구가들은 일차적으로 퓌시스에 적용된 '신적인 것' 이라는 의미 속에 들어 있는 내용을 간과하고 있다고 할 수 있다. 철학은 신학적인 소재와 내용 속에 들어 있는 문제를 배경삼아 궁극적인 실재와 다양한 경험 세계의 관계에 대해 보다 합리적으로 탐구

* Guthrie, W.K.C.(1962), p42 참조.

하였다고 볼 수 있다. 우리는 처음부터 퓌시스의 탐구는 근본적으로 신적인 것과 관계성을 갖고 있음을 살펴보았다. 그들은 신화가 가지고 있는 내용적 측면에서는 그 전통을 이어받고 있음을 알 수 있다.

그러나 그들은 형식적 측면에서, 즉 방법론적인 측면에서 신화적인 사유와는 다른 형식을 취하고 있다. 그들은 신화가 가지고 있는 문제들을 경험론적 측면에서 아르케에 대한 탐구를 하고 있다. 그들의 탐구분야는 자연영역 전체였으며, 그들은 신들의 존재를 부인하지 않으면서도 신적인 것을 운동능력과 동일시하고, 그것을 물질 안에 내재된 것으로 보았다는 점에서 유사한 문제들에 몰두했던 헤시오도스나 다른 시인들과는 방법론적 측면에 달랐다고 볼 수 있다.

그리스 신화의 철학적 사유

참고 자료

국내 · 외 저작물 및 번역 · 전자문헌

- 강응천, 『문명 속으로 뛰어 든 그리스 신들 1, 2』(1997), 사계절
- 거스리(저) 박종현(역),『희랍철학 입문』(2000), 서광사
- 김내균(1993), 「철학적 사유 이전의 신화적 사고」, 중앙대, 『철학탐구』, 제10집.
- 김내균(1994), 「헤라클레이토스: 조화와 통일을 지향하는 철학」, 『철학과 현실』, 1994년 봄호, 통권 20호.
- 김재홍(역), 『정신의 발견-서구적 사유의 그리스적 기원』(1994), 까치
- 박종현, 『그리스사상의 이해』(1982), 종로서적
- 벌핀치(저) 이윤기(편역), 『그리스 로마 신화』(2001), 창해
- 소포클레스 · 아이스킬로스(저) 천병희(역), 『오이디푸스 왕: 아가멤돈 · 코에포로이 · 안티고네』(1999), 문예출판사
- 오비디우스(저) 이윤기(역), 『변신이야기: 신들의 전성시대』(1997), 민음사
- 유시주, 『거꾸로 읽는 그리스 로마 신화』(1998), 푸른나무
- 유재원, 『그리스 신화의 세계 1. 2』(1999), 현대문학

- 윤일권 · 김원익, 『그리스 로마 신화와 서양문화』(2004), 문예출판사
- 에우리피데스(저) 천병희(역), 『에우리피데스의 비극』(1999), 단국대출판부
- 이경덕, 『신화로 보는 인류의 종말과 새로운 세계』(1999), 동도원
- 이우일(글, 그림), 『호메로스가 간다: 이우일의 그리스 로마 신화』(2004), 김영사
- 이윤기, 『그리스 로마 신화 1. 2. 3』(2003), 웅진닷컴
- 지그문트 프로이트(저) 장병길(역), 『꿈의 해석』(2000), 을유문화사
- 지그문트 프로이트(저) 김양순(역), 『정신분석 입문』(1998), 일신서적
- 최재율(1988), 「고대 그리스철학과 기독교 사상에 나타난 로고스 개념 연구」, 중앙대 대학원 석사학위논문
- 카를 융(저) 설영환(역), 『무의식 분석』(1999), 선영사
- 카를 융(저) 이부영외(역), 『인간과 무의식의 상징』(1993), 집문당
- 캘빈 홀(저) 황문수(역), 『프로이트 심리학 입문』(1977), 범우사
- 캘빈 홀(저) 최현(역), 『융 심리학 입문』(1985), 범우사
- 코플스톤(저) 김보현(역), 『그리스 로마 철학사』(1998), 철학과 현실
- 쿠르트 휘브너(저) 이규영(역), 『신화의 진실』(1991), 민음사
- 클라우스 헬트(저) 최상안(역), 『그리스 로마 철학기행』(2000), 백의
- 헤시오도스(저) 천병희(역), 『신통기』(2004), 한길사
- 헤시오도스(저) 김원익(역), 『신통기; 그리스 신들의 계보』(2003), 민음사
- 호메로스(저) 유영(역), 『오디세이아』(1997), 범우사
- 호메로스(저) 천병희(역), 『오디세이아』(2002), 단국대출판부
- 호메로스(저) 유영(역), 『일리아스』(2002), 범우사
- 호메로스(저) 천병희(역), 『일리아스』(2001), 단국대출판부

- Cornford, F.M.(1957), *From Religion to Philosophy : A Study in the Origins of Western Speculation* (New York : Harper & Row Publishers), 『종교에서 철학으로』, 남경희(역), 1995, 이대출판사.
- Dickinson, G.L.(1967), *The Greek Views Life*, N.Y ; Macmillan, Co. 『그리스인의 이상과 현실』, 박만준 · 이준호(역), 서광사, 1989

- K. I. Boudouris(1987), 「헤라클레이토스와 자기인식」, 중앙대 철학탐구 제7집
- Michael Kölmeier,『그리스 신화』, 유혜자(역), 현암사, 2002.
- Piere Grimal, 『그리스 신화』, 김우탁(역), 삼성문화재단, 1974.
- Zeller, E.(1971), *Grungriss der Geschichte der Griechischen Philosophie*, Scientia Verlag Aalen, 『그리스 철학사』, 이창대(역), 이론과 실천, 1991.
- [DVD] 그리스 로마 신화: 전설의 수호자들, Vol 1~4(Set), 비엠코리아, 2003.
- W. Burkert, *Greek Religion*, (Cambridge 1985)
- J. Burnet, *Early Greek Philosophy*, (London 1957)
- F. M. Cleve, *The Giants of Presocratic Greek Philosophy*, Vol. I, (The Hague 1973)
- W. K. C. Guthrie, *The Greeks and their Gods*, (Boston 1954)
- W. K. C. Guthrie, *Socrates*, (Cambridge Univ. Press 1971)
- R. K. Hack, *God in Greek Philosophy to the Time of Socrates*, (Prinston Univ. Press 1969)
- W. Jaeger, *The Theology of the Early Greek Philosophers*, (Greenwood Press 1947)
- C. Kerenyi, *The Heroes of the Greeks*, (New York 1959)
- G. S. Kirk, *The Nature of Greek Myths*, (New York 1976)
- G. E. R. Lloyd, *Early Greek Science : Thales to Aristotle*, (New York : Norton 1970)
- M .P. O. Morford & R. J Lenardon, *Classical Mythology*, (New York 1977)
- A. P. D. Mourelatos, *The Pre-Socratics*, (Anchor Press New York 1974)
- P. E. Slater, *The Glory of Hera*, (Boston 1971)
- A. Wedberg, *A History of Greek Philosophy*, Vol. I : Antiquity and the Middle Ages, (Clarendon Press Oxford 1982)